⊙『논어』, 조선시대, 서울역사박물관.

孔子年四十五魯昭
公卒定公立季氏階
于公室陪臣執國命
故孔子不仕退而脩
詩書定禮樂弟子弥
衆

適齊志洱
歸魯政衰
道不可行
懷器乃藏
乃脩詩書
正樂定禮
沽我沽哉
待價而起

⊙「퇴수시서退修詩書」(물러나 『시경』과 『서경』을 정리하다), 김진여, 비단에 채색, 32.0×50.0cm, 1700, 국립전주박물관.
'인仁'은 『시경』과 『서경』에서 가장 먼저 발견된다. 공자는 그로부터 200여 년 뒤 이를 유교 사상의 핵심 개념으로
다루었다.

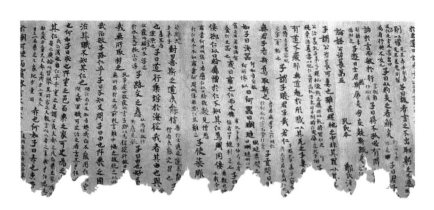

⊙ 당나라 때의 필사본 『논어』.

『논어』에서 '인'은 '수기안인修己安人'의 맥락에서 쓰이면서 치자治者의 도덕적/실천적 덕목으로
요구되었다.

◉『맹자』. 맹자의 '인'은 공자의 인에서 더 나아가 심성적 차원에서는 인덕론仁德論으로, 정치적 차원에서는 인정론仁政論으로 전개되었다.

孟子名軻字子車

孟子

◉ 「맹자」, 『역대도상歷代圖像』, 종이에 채색, 29.7×19.5cm, 개인 소장.

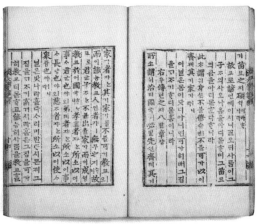

⊙ 『대학』, 35.0×25.0cm.

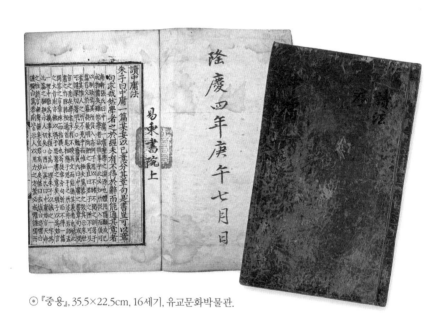

⊙『중용』, 35.5×22.5cm, 16세기, 유교문화박물관.

정치,
함께 살다

정치, 함께 살다

위민僞民과 민본民本으로 공존하는 유교정치학

안외순 지음

글항아리

【 책머리에 】

최근 대통령과 그 비선 조직의 국정농단으로 인해 좀처럼 일이 손에 잡
히지 않고 울렁울렁하는 가슴을 가눌 길이 없다. 평생 살면서 이렇게 큰 충
격을 받은 적도 없는 것 같다. 게다가 이번 사태에 대해 대중매체에 출연한
패널들이 간혹 '지금이 왕조 시대도 아닌데 어떻게 이럴 수 있나'라고 하는
말을 종종 들으면서 우리 사회에 드리워진 전통사회에 대한 근대중심주의
적 오해가 심각하다고 느꼈다. 다른 노력도 필요하겠지만, 고려대 이승환
교수님의 말을 빌리자면, '이고격금以古格今', 곧 전통의 이름으로 오늘의 현
실을 바로잡는 일이 필요한 시점이다. 게다가 왕조국가도 왕조국가 나름이
지, 유교를 정치 이념으로 하는 왕조국가, 특히 한반도에 존재했던 왕조국
가에서는 씨도 안 먹히는 소리다. 이 정도의 국정농단 사안이면, 연산군이
나 광해군의 사례에서 보듯이, 반정이든 방벌이든 혁명이든 쫓겨나도 열두
번은 더 쫓겨났다. 이래저래 이 책을 집필하기 잘했다는 생각이 든다.
    사실 우리는 부지불식간에 근대중심주의 혹은 서구중심주의 문명관

에 깊이 침윤되어 있다. '근대 혹은 민주화 이전에는 정치가 아니라 통치였다'라는 식이다. 나 역시 예외가 아니었다. 하지만 학부 3학년 때 우연히 접하게 된 『맹자』는, 에리히 프롬의 『자유로부터의 도피』, 마르크스의 『경제철학수고』와 더불어, 내가 가지고 있던 기존의 선입견을 송두리째 흔들었다. 권위적이고 수직적이며 가부장적인 정치체제를 옹호할 줄 알았던 『맹자』는 오직 국민을 위하여, 국민에 의거한 정치를 할 것을 집요할 정도로 일관되게 주장하고 있었다. 국민의 호오에 정부 정책의 호오가 결정되어야 하고, 국민의 복지가 보장된 민생 확보 위에 인간다운 교육이 행해져야 비로소 국가다운 국가라고 역설하고 있었다. 또 국민의 생명을 무엇보다 중시해, 국정 운영의 잘못으로 전쟁 등 대형 인재가 초래되고 국민이 생명과 안전을 보장받지 못한다면, 이는 방벌되어 마땅하다는 논리를 반복해서 강조하고 있었다.

이후 다른 유교 텍스트 및 한국 고전을 섭렵하게 되면서 삼국 시대 이래 한반도에서 명멸했던 왕조의 군주들은 유교 이념을 신봉했기에 다른 문명권이나 지역의 정치체제와 달리 일정 수준이 있었음을 확신하게 되었다. 예컨대 모든 정치의 궁극적인 책임을 자신에게 돌렸던 조선의 군주들이 천재지변조차도 자신의 부덕 탓으로 돌리며 국정도 쇄신하고, 반찬 수도 줄여보고, 목욕재계하며, 죄수들도 사면하는 등 담당 관료들과 함께 책임지는 모습을 보면서 유교의 본고장이기는 하나 환관정치에 많이 휘둘렸던 중국, 기본적으로 무사 혹은 군사에 기초했던 일본이나 유럽의 중세정치와는 달랐던 것을 확인할 수 있었다. 최고 국정 운영자가 구체적인 사안까지 일일이 챙겨야 한다는 말은 아니다. 마음을 함께하고 수습 방향만 제시해주면, 나머지는 해당 직무의 전문가인 수장들이 해결하면 된다. 고금이 다르지 않다. 그런데 오늘날, 수백 명의 어린 목숨이 차가운 바닷속에 수장되던 참사 속에서 최고 국정 운영자의 당일 행방이나 행적이 논란거리가 되는 것 자체가 심각한 문제다.

퇴계, 남명, 율곡 등 조선 왕조의 지식인이자 관료들이 군주를 대하는 태도 역시 오늘날과는 현격히 달랐다. 군주가 잘못이라도 하면 서릿발같이 힘써 간언諫言하다가 안 되면 사직辭職으로 맞섰다. 대면보고도 못 하면서 자리를 유지하는 보신주의는 상상할 수조차 없었다. 그래서 신망받는 관료들의 출처出處 여부는 해당 군주와 정권의 정당성 여부를 판단하는 잣대이기도 했다. 이 점에서 이번 국정농단의 책임은 당사자들만이 아니라 박근혜 정부에 가담한 관료나 여당 모두에게 있다.

이 책은 정치에 관한 유교의 오랜 지혜를 살펴본다. 궁극적으로는 유교의 민본과 위민이 민주주의의 민치와 만나 절차적 민주주의를 넘어 질적 민주주의를 도모할 수 있는 일종의 유교민주주의를 모색해본다. 이 책은 크게 3장으로 구성되어 있다. 1장에서는 정치학 개론 수준에서 정치와 인간 삶의 불가분의 관계, 그 개념, 정치의 목적, 정치방식, 정치의 요소, 정치과정, 정치변동, 전쟁과 평화에 관한 유교의 통찰력을 이해하고, 마지막으로 유교와 민주주의의 결합의 필요성을 논했다. 일종의 '유교정치학 개론'이다. 2장에서는 핵심 유교 고전인 사서四書, 즉 『논어』 『맹자』 『대학』 『중용』 가운데 중요 정치 관련 언술들의 번역문을 해설과 함께 실었다. 3장에서는 기왕 원문 맛을 본 김에 한문 원전을 직접 음미할 수 있도록 했다. 확실히 원전을 직접 읽는 것은 그 깊이가 다르다. 전체적으로 간결하고 쉬운

정치, 함께 살다

문장으로, 그렇지만 깊은 의미를 지닌 문장을 중심으로 선정했다. 분량상의 문제로 한국 고전은 별도의 작업으로 남겨두었다. 대신 1장 해설 부분에서 한국 고전도 적잖이 활용했다.

예상치 못한 사정으로 글을 좀더 다듬지 못해 많이 아쉽다. 책이 나오기까지 한국 유학의 메카로 거듭나는 한국국학진흥원과 묵묵히 기다려주신 박경환 수석연구위원님, 그리고 애쓰신 글항아리 편집부 선생님들께도 감사하는 마음 전하고 싶다.

이번 주말에는 아들 한규 손잡고 촛불을 밝히러 가리라. 그동안 정치에 무관심했던 것을 반성하면서 한 주도 빠지지 않고 광화문을 지켰던 대학 동창들에게도 이 자리를 빌려 고마운 마음을 고백한다. 그대들이 있어 대한민국의 전통도 미래도 욕되지 않으리라.

하늘은
국민이 보는 것을 보고, 국민이 듣는 것을 듣는 것을.

조속한 시일 내 국정이 안정되기를 간절히 염원하며

2016년 12월
사랑하는 땅 해미에서
안외순 쓰다

治

해설로 보는 유교정치학

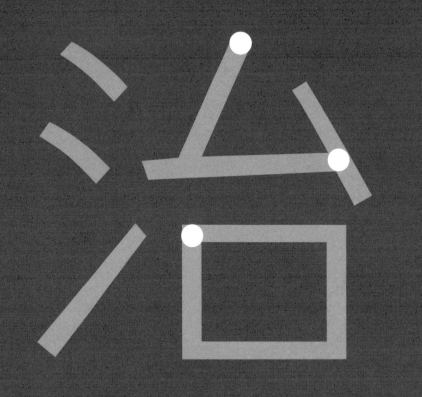

1.
피할 수도 없고, 피해서도 안 되는 정치

TV 뉴스를 보다가 초등학생 아들이 가까이 오는 기척이 들리면 나도 모르게 채널을 돌린 것이 어제오늘이 아니다. 정치인 및 고위 공직자들의 가공할 만한 부정부패, 부도덕하고 무책임한 사건 사고들로 도배되는 뉴스를 함께 보기가 민망해서다. 특히 정치학자라는 이름으로 대학에서 정치학을 가르치고 후진을 양성하는 내 입장에서 정치권이나 사회 고위층의 부정부패 소식은 영락없이 대략난감이다. 매년 정치학 강의 첫 시간이면 학생들에게 정치에 대한 평소의 생각을 자유롭게 피력하라고 하는데, 십중팔구는 '갈등' '부패' '흑색선전' 등을 말하면서 '정치와 관련 없이 살고 싶다'고 한다. 정치와 관련된 부정적인 뉴스가 넘쳐나는 탓이리라.

그렇다고 정치 없이 살 수는 없잖은가? 그리하여 학생들에게 질문을 달리해 다시 묻는다. '지금 여러분이 보트피플boat people처럼 국가가 없는 상태에 놓여 있다면 어떻게 할 것 같은가?' 학생들은 예외 없이 '국가를 수립

하겠다' 아니면 '자신을 받아줄 국가를 찾겠다'고 대답한다. '국가 없는 상태에서 자유를 만끽하면서 살겠다'는 학생은 거의 없다.

'정치와는 거리를 두고 싶지만 국가생활을 벗어나고 싶지는 않다'는 이러한 태도를 우리는 주변에서 흔히 볼 수 있다. 이는 우리가 정치에 대해서는 부정적 태도를 가지면서도 국가에 대해서는 긍정적 인식 혹은 최소한의 중립적 인식을 갖고 있음을 의미한다.

국가에 대해서는 궁극적으로 그것이 개인의 안전과 재산을 지켜주는 최종적 울타리라는 고전적 국가 관념을 보유하고 있는 것이다. 물론 이러한 인식은 정당하다. 기실 고대 국가의 탄생 자체가 이러한 이유로 시작되었고 인간은 이를 문명의 시작으로 인식하고 있기 때문이다. 요컨대 고대에 국가는 일정 영역의 구성원들의 생존을 위해 처음 조직되었다. 홍수나 가뭄의 피해를 막기 위해 치수治水 등의 공동 노동이 필요했고, 개인의 생명이나 재산을 지키기 위한 장치가 필요하다는 것을 인식했을 때 인간은 동물과 같은 수준의 군집생활을 지양하고 조직생활로 전환했으며, 동시에 조직을 지배할 법이나 군대 등의 물리적 폭력을 만들어 조직의 질서를 잡는 수단으로 사용했다.

문제는 그렇다고 정치와 국가를 분리시킬 수 없다는 사실이다. 개인의 삶에 반드시 필요한 것이 국가라면 정치도 반드시 필요하다. 정치는 싫고 국가는 좋을 수 없다. 국가를 운영하는 핵심 활동이 정치이기 때문이다. 또한 앞에서처럼 정치를 외면한다 함은 국가생활도 외면한다는 말이고, 국가생활에 참여한다 함은 간접적일지라도 정치생활에도 참여한다는 말이 되기 때문이다. 어떤 국가의 정치가 좋으면 그 국가도 좋고, 정치가 나쁘

정치, 함께 살다

면 그 국가도 나쁘다. 양자는 분리될 수 없다. 정치가 국민의 한숨이 되면 이는 나쁜 국가인 것이고, 정치가 국민의 희망이자 기쁨이고 의지처가 되면 이는 좋은 국가인 것이다. 정치와 국가는 동전의 양면이다. 양자는 결국 한 몸이기 때문이다. 국가가 인간 개개인의 공존을 위해서 출범했다면, 이러한 공존을 위한 국가의 행위나 실천활동이 바로 정치다.

따라서 개인의 삶에 국가가 필수라면 정치 또한 필수다. 방랑객이나 무인도의 자연인으로 살지 않는 한, 공동체 속에서 살아가는 한, 우리 인간은 본인의 의지와는 무관하게 정치에서 자유로울 수 없다. 우리가 물질적으로 과거보다 혹은 주변 국가들보다 상대적으로 해방된 측면이 있어 행복감을 느끼며 산다면 이것은 궁극적으로는 정치활동과 관계된 결과다. 반대로 과도한 경쟁심과 상대적 박탈감으로 불행하거나 치안의 불안을 느끼고, 불안한 안보로 인해 생명의 위협을 느낀다면 이 또한 정치활동의 결과인 것이다. 매일 마시는 물이나 공기조차 사먹는 세상이 된 것도, 피서지의 바가지요금도, 인천에 사는 노인이 충청도 온양까지 지하철 경로 무임승차제도로 부담 없이 매일 온천을 하러 다니는 것 등 모든 활동이 사실은 정치활동의 결과다. 이는 모두 헌법, 교육법, 교육 정책, 납세법, 인권법, 세금 정책, 복지법, 교통 정책, 문화예술 정책, 토지거래 정책, 대출 정책, 카드 소득공제 정책 등의 결과물이고, 이들 제반 법이나 정책이 모두 실질적인 정치활동의 산물이기 때문이다. 좋건 나쁘건 모두 정치활동의 결과다.

이와 같이 요람에서 무덤까지 인간이 정치와 무관한 삶을 산다는 것은 불가능하다. 아니 죽어서도 장례부터 제례까지 사후의 추모 방식 역시 종국적으로 정치활동의 그물망 내지 영향 안에 있다.

그럼에도 불구하고 예나 지금이나 정치를 외면하고 사는 것을 마치 고상한 것인 양 생각하는 사람들이 있다. 소위 스스로를 탈정치적이라고 생각하거나 정치에 초연한 척하는 이들이다. 스스로는 세속적인 정치를 초탈하는 삶을 산다고 위안하겠지만 거듭 언급했다시피 초탈할 수도, 초탈해서도 안 되는 것이 정치다. 이를테면 집에 불만을 가진 자식이 부모-자식 인연을 끊고 산다고 해서 실제 부모와 자식 관계가 끊기는 것이 아니고, 기껏해야 부모를 버린 자식이 되거나 인연이 끊긴 부모-자식 관계가 되는 것과 같다. 관계를 끊는다고 해서 부모-자식 관계가 부정되는 것은 아닌 것이다.

그래서 일찍이 그리스의 철학자 아리스토텔레스(기원전 384~기원전 322)는 '인간은 정치적 동물'이라고 정의했다. 요컨대 인간이란 존재 자체가 본성적으로 이성적 동물이어서 이성활동을 하듯이, 본성적으로 정치적 동물이기에 정치활동을 해야 한다는 말이다. 정치의 그물망에서 벗어날 수 없다면, 우리는 직업이나 호오 여부에 관계없이 정치에 대해 알아야 한다. 그것도 제대로 알아야 한다.

특히 오늘날은 민주주의 시대이기 때문에 더더욱 제대로 알아야 한다. 과거 소수만이 정치를 하던 시절에는 최소한의 사람만이 제대로 알고, 잘하면 별문제 없었다. 하지만 민주주의사회는 비정치인인 시민 모두가 정치나 입법활동을 담당하는 정치인을 선출하기 때문에 피치자 모두가 치자와 마찬가지로 정치에 대해 잘 알아야 하고, 자신을 대표할 정치인에 대해 정확히 숙지하고 있어야 한다. 잘못된 정치인을 대표로 뽑아놓고 좋은 정치를 기대하는 것은 어불성설이다. 과거에는 운이 좋아서 좋은 정치인을

정치, 함께 살다

만나면 태평성대를 누렸겠지만 민주화된 세상에서는 각자의 손에 선정과 악정의 칼자루가 쥐어 있다. 실제로 한국현대사는 물론 세계현대사에는 최악의 정치인을 선출한 사례가 없다고 할 수 없다. 어찌 정치에 무심하고 무지할 수 있겠는가?

이 책에서는 우리의 오랜 전통인 유교정치사상을 통해 상기한 문제들을 해결해보고자 한다. 이 과정에서 나는 세 마리 토끼를 잡았으면 하는 바람을 가지고 있다. 첫째, 우리는 인식 속에 깊이 침투해 있는 근대중심주의 및 서구중심주의로 인한 우리 전통과 역사에 대해 심한 자기편견, 자기비하적인 면을 가지고 있는데, 이 책을 통해 이러한 태도에서 벗어나 건강한 의식을 회복했으면 한다. 둘째, 그뿐만 아니라 유교정치사상을 공부하는 과정을 통해 자연스럽게 현대 자유민주주의의 보완책들을 강구하여 이른바 '유교민주주의' 같은 것도 모색해보는 것이다. 셋째, 한국 정치의 현주소가 어디이고 방향을 어떻게 잡아야 할지, 근본 문제가 무엇인지에 대한 희망의 등대가 되어줄 수도 있을 것이라고 조심스럽게 전망해본다. 현대 한국 정치의 약점, 반복되는 정치 사태의 원인·과정·결과·대안에 대해 전통 유교정치 이론은 고금을 관통하는 보편적 모델로 우리에게 다가올 수도 있을 듯하다.

2.
정치, 피할 수 없으니 즐겨라

2500년 전 공자(기원전 551~기원전 479) 시절에도 정치를 비하하면서 외면하는 것이 고상한 삶인 양하는 사람들이 있었다. 당시 사유를 지배하던 사조 중 하나로 양주楊朱로 대표되는 도가가 그렇다. 정치를 세속적 탐욕의 연장선상에서 바라봐 세상과 등지고 은둔해 살면서 자기만의 삶만을 생각하는 접여接輿나 허유許由 같은 이들이다. 이들은 현실정치에 끊임없이 관심을 갖는 공자에 대해 부질없는 짓을 한다고 비아냥거리기 일쑤였다.

그도 그럴 것이 다른 한편에서 현실정치는 부강이 기준이 되어 천자天子 중심의 권력 질서가 무너지고 있었다. 천자의 임명 없이 대부大夫가 스스로 독립하여 제후국을 자처하기도 했다. 이른바 춘추시대의 개막을 알렸던 한韓, 위魏, 조趙의 출범이 그것이다. 또 소위 '춘추오패春秋五霸'라는 말이 만들어질 정도로 패도가 판치던 시대였다. 패도정치의 특징은 정치할 만한 사람, 곧 유덕자가 아니라 돈 있는 사람, 군사력을 가진 사람이 부강을 추구하는 힘의 정치를 하는 것이다.

이렇게 한쪽에서는 정치를 부강의 수단으로 여기는 패도주의霸道主義가 판치고, 다른 한쪽에서는 정치를 기롱하는 위아주의爲我主義가 판을 치는 상황에서, 조롱과 비난에도 불구하고, 공자는 "조수鳥獸와 더불어 군거 생활을 할 수는 없도다. 내가 사람들과 더불어 살지 않고 누구와 더불어 살겠는가? 또 천하에 도가 있다면 굳이 내가 바꿀 필요가 없을 것"(『논어』 「미자」)이라고 하면서 정치에의 관심을 넘어 강한 참여 의지를 밝혔다. 그리고 공자는 같은 시기 지구 반대편에서 소크라테스(기원전 470?~기원전 399)가 정의로운 국가 건설을 위해 노력하던 것과 마찬가지로, 전 생애에 걸쳐 정치의 존재 이유와 국가 건설의 초기 정신 회복을 주창했다. 특히 그는 요堯, 순舜 및 하夏, 은殷, 주周의 건국 정신의 회복을 역설했다. 바로 정치 혹은 국가는 민을 위해서 탄생한 것이니만큼 치자와 피치자는 상호 공존을 위한 정치 활동을 도모해야 한다는 것이었다.[1]

또 그럼에도 불구하고 소크라테스가 당대에는 끝내 아테네의 젊은이들을 현혹시킨다는 이유로 아테네 시민들로부터 외면당하면서 일생을 마쳤듯이, 공자 역시 당대의 외면 속에서 "남들이 알아주지 않아도 노하지 않는 군자"(『논어』 「학이」)로서 가난 속에서 일생을 마쳤다. 실로 공자와 소크라테스는 많은 면에서 닮았다. 그중에서도 양자 모두 바람직한 정치가의 자질을 갖췄고 정치 방법에 대한 연구 및 후학 양성의 간접 정치를 행했으며 호학으로 일생을 마친 점이 특히 그렇다.

공자는 매우 짧은 정치생활을 제외하면 생애의 대부분을 간접적인 정치활동에 할애했다. 가난과 조롱에도 불구하고 '공존을 위한 인간 공동의

1장 해설로 보는 유교정치학

조직적인 노력'이라는 정치의 본질을 외면할 수 없었던 공자는 학문과 편저술활동, 미래 정치가의 양성을 위한 교육활동, 당대 정치인들의 교정을 위한 유세활동 등에 생애를 바쳤던 것이다. 그 결과 그는 학문과 교육에서 큰 업적을 남겼다. 공자를 따르던 70여 명의 제자는 대부분 미천한 신분 출신이었지만 공통적으로 공자에게 소위 '정치학政治學, politics'을 배워 관직에 나아갔다. 물론 이렇게 직접 전수받은 직전直傳 제자뿐만 아니라 맹자(기원전 372~기원전 289)[2], 순자(기원전 298~기원전 238) 등의 사숙私淑 제자들을 거쳐 그의 사상은 마침내 공자학단 혹은 유가儒家라는 명칭을 획득하게 되었다. 아울러 시대를 거듭하면서 공자 및 유교사상은 더 심화되고 체계화되면서 기존의 정치학과 윤리학만이 아니라 인간론, 우주론의 형이상학 영역까지 확장되어 근대 이전 2500여 년 동안 동아시아 문명의 대표 사유 체계의 위상을 점했던 것이다.

요컨대 유교는 본래 군주나 관료, 곧 정치가들을 상대로 정치란 무엇이며 어떻게 해야 하는지, 그 임무는 무엇인지 등을 강론한 정치학이자 정치사상 체계였다. 그럼에도 근대 이후 유교사상은 윤리학 내지 도덕철학으로만 간주되는 경향이 강했다. 이는 다분히 유럽사회가 근대 문명을 열었고, 세계가 지구화되면서 유교문명권을 식민지화한 역사와 무관하지 않다.

19세기 이래 근대적 물리력과 그 사유 체계가 동점東漸하면서, 그리고 근대적 물리력이 유교사회의 물리력을 굴복시키면서 유교 역시 패자敗者의 위치로 전락하게 되었고, 유교사상은 기껏해야 윤리·도덕적 사유에 지나지 않으므로 '현실적인 파워 게임'에 입각해야 하는 정치사상으로서는 적절하지 않다는 부당한 평가가 내려졌다. 그러면서 비근대적·비유럽적

정치, 함께 살다

정치는 정치가 아닌 것으로 매도되고, 따라서 유교는 정치가 아니라 윤리적·도덕적인 것이라는 이미지만을 강하게 남겨놓았던 것이다.

물론 유교confucianism는 정치politics와 윤리ethics의 분리를 부정한다. 양자의 균형적 통합을 적극적으로 추구한다. 본래 정치권력政治權力, political power 자체가 공공성公共性을 전제로 합법적 물리력을 확보하는 것이니만큼 정치를 도덕과 분리시켜 인식하려는 시도 자체가 어불성설이다. 정치에 있어서 윤리는 충분조건은 아니더라도 필요조건임에 분명하다. 유교는 그 당연한 진리가 유통되지 않는 현실을 바로잡고자 출범했다. 요컨대 정치와 윤리가 일치할 것을 주장한 것이 아니라 정치는 필히 윤리적이어야 하며, 정치가라면 반드시 윤리적일 것을 요구한 것이다. 또 인과 의라는 핵심 가치, 곧 사랑과 정의라는 가치를 정치공동체가 추구할 때 가장 정치적이라고 주장했다. 그리고 이는 정당하다. 이때 인과 의는 유교문명권에서 정치적 가치이면서 동시에 윤리적 가치다.

정치권력의 주체인 정치가들로부터 훌륭한 정치적 자질virtue의 하나로 도덕적 자질을 강력하게 요구했다. 정치가의 비도덕성은 정치공동체의 부패로 연결된다. 그래서 국민에 대한 사상인 인과 그 사랑의 한계선인 의, 곧 정의를 요구하는 것이다. 실로 사랑만 강조하다보면 무질서가 초래되기 쉽다. 정의만 요구하다보면 자칫 삭막할 수 있다. 사랑과 정의는 정치공동체의 균형을 유지하는 황금가치다.

정치에서 윤리와 도덕은 결코 분리될 수 없다. 정치인의 도덕성, 그리고 정치사회의 도덕성 확보를 요구하는 유교정치사상의 요구는 여전히 그리고 앞으로도 적용되는 보편적인 불문율이다. 바로 이 점 때문에 유교는 출

1장 해설로 보는 유교정치학

범한 지 2000년 넘게 새로운 문명을 제시할 수 있었고, 일종의 혁명적 선언일 수 있었다. 그것도 피 흘리지 않는 명예혁명의 선언이었다. 이제부터 이러한 유교정치적 사유세계를 여행하기로 한다.

정치, 함께 살다

　　　　　먼저 정치의 자의字義와 개념을 살펴보면서 오늘날 우
리의 정치가 그 본질에서부터 얼마나 멀어졌는지를 알아보기로 하자.

　정치政治, politics를 한마디로 정의하면 '공공의 이익을 위하여 합법적 물
리력을 사용하는 제반 행위'라고 할 수 있다. 현대 정치학에서 가장 일반
화된 정치 개념은 현대 미국 정치학자 이스턴D. Easton(1917~2014)의 '희소
가치의 권위적 분배과정authoritative allocation of scarce resources'3이라는 정의
다. 사실 이 정의는 지나치게 물질 획득을 중심으로, 즉 자본주의적으로
정치를 해석한 한계를 지닌다고 하겠다. 또 이는 제로섬게임zero-sum game
이론식의 지극히 미국 공리주의 학자다운 정의다.

　하지만 정치는 제로섬게임이 아니다. 처음부터 상호 원원win-win을 목
적으로 한, 상호 공존을 추구하는 조직적인 노력이다. 그리하여 이스턴의
정의보다는 사실상 더 오래되고 권위 있는 정의로 근대 독일 학자 베버M.
Weber(1864~1920)의 것을 들 수 있다. 그는 정치를 '합법적인 물리력을 통

해서 공공의 이익을 창출하는 행위'로 정의했다. 베버의 이러한 정의는 그보다 2500여 년이나 앞섰던 동아시아 한자 문화권의 인식과 매우 유사하다. 우리가 사용하는 정치의 본질은 그 자의에서도 그대로 확인된다.

흔히 살기 좋은 세상을 '치세治世'라고 한다. 이는 말 그대로 '인간 세상을 다스리다' 혹은 '다스려진 인간 세상'을 의미한다. 물론 '난세亂世' '세상을 어지럽히다' 혹은 '어지러운 인간 세상'의 반대말이다. 이렇게 보면 '치治'가 오늘날의 표현으로 '정치가 잘된 세상' 혹은 '좋은 정치'를 의미하는 듯하다. 물론 '치'에는 이런 뜻이 있다. 그리고 이 뜻이 대표적이기도 하다. 하지만 '치'의 뜻은 사실 이것만이 아니고, 또 본래의 뜻이 정치였던 것도 아니다. 본래 '治'는 '水+台'의 합성어로서 '닦다+빛나게 하다(기뻐하다)'라는 뜻을 지니고 있다. 즉 '治'는 '다스려서 크게 빛나는 상태'를 의미한다. 여기서 '다스린다'는 표현은 정치는 물론 여타 모든 사물이나 일이 본래대로 '치유되는 상태'를 의미하는 보다 광범위한 용어였다. 오늘날도 그런 흔적이 남아 있다. 그 예로 치료治療, 치유治癒 등의 의학적 용어를 들 수 있다. 요컨대 '治'는 반드시 정치적 행위에만 국한되는 글자는 아니었던 것이다.

하지만 '政'은 처음부터 '합법적인 강제력(공권력公權力)'을 전제하는 정치의 고유글자로 출발했다. 정치권력政治權力은 말 그대로 '政治'(politics)와 '權力'(power)의 복합명사다. 우선 정치의 한자적 자의부터 살펴보자. 오늘날 한 단어로 쓰이는 '정치政治'라는 단어는 사실상 '정사치인政事治人'의 경우처럼 각각 한 글자씩 별개로 기능하던 것이다.[4] 이때 '政'은 '正+攵(攴)', 곧 '바루다(바르게 하다)+치다(때리다, 회초리)'가 합성된 형성문자다. 여기서 '치다(때리다)'의 '攵(攴)'은 '강제력'을 의미한다. 다시 말해서 '政'이

정치, 함께 살다

라는 글자는 태생부터 '강제력을 동원하여 무엇인가를 바로잡는 행위'를 의미한다. 여기서 말하는 강제력이란 베버적 의미의 '합법적인 물리력', 곧 '공권력', 다시 말해 법, 경찰, 군대 등이다. 『논어』에서 공자가 '덕德/예禮'와 대비시켜 말하는 '정政/형刑'의 '정'도 바로 이 강제력, 곧 공권력을 말한다. 요컨대 정치란 합법적인 물리력을 통해서 질서를 잡거나 질서 있는 배분을 하는 등 구성원의 공존을 위한 행위를 하는 것이다. 그래서 공자 역시 "政은 正이다政者正也"(『논어』「안연」), 곧 공권력은 바르게 사용할 때 그것이 공권력임을 강조했던 것이다.

마지막으로 정치의 수단인 권력의 자의를 살펴보자. '權力'의 '權'은 '木+雚', 곧 '나무+황새'가 합성된 형성문자로서 '나뭇가지에 새가 앉아 있는 모양'을 나타낸 글자로 출발했다. 바로 이 원리에서 지금도 '權' 자는 가장 중요한 뜻으로 쓰이는 '저울추'의 의미를 획득하게 되었다. 즉 나무의 어느 위치에 새가 앉느냐에 따라 나뭇가지의 흔들림이 달라지는 형세가 마치 저울추의 위치와 물체의 중량에 의해 저울대의 움직임이 달라지는 상황과 유사하기 때문이다. 그래서 '權'은 이후 '나뭇가지에 앉은 새→ 저울추의 위치→ 힘의 향방→ 뭔가를 기울게 할 수 있는, 즉 움직이게 할 수 있는 힘→ 그리고 힘은 영원한 것이 아니라 임시적인 것'으로 뜻이 확장되어갔다. 어쨌든 '權'이 내포하는 다양한 뜻은 사실상 저울추에서 확장된 것인 만큼 결국 '權'의 핵심적인 뜻은 저울추의 기능 중 가장 중요한 '균형을 잡는 힘'이 되겠다. 요컨대 정치란 무엇보다 공동체의 균형을 잡는 일이 가장 중요하다는 뜻이다.

'力'은 여기서 강조어에 지나지 않는다. 한 가지 더 부연하고 넘어가자면

'權' 자가 의미하는 '임시'라는 뜻이 권력과 관련하여 '정당성' 문제와 무관하지 않다는 점이다. 이는 힘이나 권력이라는 것 자체가 본질적으로 상대성과 상황성을 본유하고 있으며, 따라서 (정치)권력 역시 영구적인 것이 아니라 한시적인 것이고, 그 한시성은 '정당성을 구비하고 있을 때'를 의미한다는 말이다. 그리고 그 정당성은 공동체의 균형을 추구할 때 확보된다. 다시 말해서 특정 세력의 독점이 아니라 공동체 전체의 공존을 추구할 때 확보된다는 것이다.

결국 '정치政治'의 한자적 자의는 '공권력을 가지고 바람직한 상태를 도출하는 행위'가 된다. 이는 처음부터 가치 규범적이다. 만약 바람직한 상태를 도출하지 못한다면 그것은 외형상 정치의 형태를 갖추었을지언정 정치가 아니다. 공자는 바로 이런 맥락에서 앞에서도 언급했듯이 "정치란 바르게 사용하는 것이다"라는 테제를 주창했던 것이다.

지금까지 살펴본 정치의 한자적 자의를 통해 볼 때, 정치란 '고유한 수단인 공권력을 가지고 공동체의 균형 혹은 공존을 도출하는 활동'으로 정의될 수 있다. 이는 베버의 '공공公共의 이익을 위하여 합법적으로 물리적 폭력을 행사하는 행위'와 상통하는 것으로 '폭력을 유일하게 사용할 수 있는 집단(정政)'의 '공공의 이익을 위한 행위(치治)'가 된다. 예를 들어 법, 경찰, 군대 등을 국가만이 사용할 수 있고, 국가가 공익을 위해 합법적으로 이를 사용하는 행위가 정치다. 만약 다른 집단, 곧 개인이 타인에게 폭력을 행사한다면 이는 그냥 폭력일 뿐이다. 우리는 이런 사람을 깡패 혹은 폭력배라고 부른다.

그렇다면 국가 혹은 정치하는 집단이라고 해서 무조건 폭력을 사용할

정치, 함께 살다

수 있는가? 물론 아니다. 전제가 있다. '공공의 이익을 위하여', 다시 말해 개개인이 국가에 폭력을 부여한 이유는 유일한 목적, 곧 '공공의 이익을 위해서'이므로 어디까지나 이 목적에 부합할 때만 '정치적 행위'가 될 수 있는 것이다. 요컨대 경찰이라고 해서 경찰 본연의 임무인 '공공의 치안 유지'라는 목적에서 벗어나 사적으로 폭력을 사용한다면 이는 정치적 행위를 벗어난 것이고, 따라서 그 역시 다른 경찰에 의해 불법 폭력의 사유로 체포되는 등 제재를 당하게 된다. 또 국회의원 역시 입법자인 만큼 대표적인 정치 행위자이지만 스스로 불법적인 행위를 했을 때는 역시 법적 보호를 받을 수 없다. 결론적으로 정치란 공동체 구성원의 공존을 위해 합법적으로 그리고 유일하게 물리적 강제력을 사용하는 행위다. 특정 계층의 독점이나 지나친 배제로 인해 공동체의 균형이 무너질 경우 이미 정치활동 자체가 부재한 상황이라고 할 수 있다. 정치란 권력을 사용하여 공동체의 균형과 공존을 추구하는 조직적 활동이고, 이는 곧 인仁의 다른 이름이다.

4.
정치의 목적, 공존을 위하여

민民, 국가의 존재 이유

"백성百姓(주민)이 가장 귀하고, 사직社稷(영토)이 다음으로 귀하며, 군주君主(주권)가 가장 가볍다……… 일반 백성의 마음을 얻는 자는 천자가 되지만, 천자의 마음을 얻는 자는 제후가 되고, 제후의 마음을 얻는 자는 기껏 대부가 될 뿐이다."(『맹자』「진심 하」) 맹자는 국가의 세 요소로 '백성' '사직' '군주'를 꼽고, 이 가운데서도 백성을 가장 존귀한 존재로 인식했으며, 다음으로 백성이 살아가기 위한 영토인 사직을, 마지막으로 이 둘을 위해 존재하는 군주를 가장 덜 중요한 존재로 간주했다. 이른바 민귀군경설民貴君輕說이다. 맹자는 통치자의 경우 폭정을 행하면 쫓겨나기도 하고 영토 또한 홍수나 가뭄을 만나게 되면 극복을 시도하지만, 끝내 다스릴 수 없는 지경에 이르면 백성은 살 곳을 찾아 민족 이동의 길로 들어서는 사례를 들면서 사직이든 군주든 그 존재 이유는 모두 백성이 살기 위한 것이므로 백성이 살아가지 못한다면 군주도 영토도 무의미한 존재라고 역설하고 있다. 즉 정치는 민을 위한 것이다. 민을 정치의 존재 이유라고 역설하고 있는 것이다. 이것이 유교가 민본주의民本主義라고 평가되는 근본 근거다.

민본이라는 말은 『서경』의 "백성은 가까이 친애할 수는 있어도 소홀히 해서는 안 된다. 백성은 오직 나라의 근본이다. 근본이 견고하면 나라가 안녕하다"(『서경』「하서」)[5]에서 연원한다. 유교는 가르침을 충실히 이행하여 국가라는 정치공동체와 정치가는 오직 민이라는 피치자가 있기에 존재한다는 점을 무엇보다 중시한다. 또 『서경』「주서」에서 "하늘이 보는 것을 백성이 보고, 하늘이 듣는 것을 백성이 본다"라는 말과 "백성이 하고자 하는 바는 하늘이 반드시 따른다"는 말을 맹자는 "민심이 천심"(『맹자』「만장」)이라는 진술로 논리를 바꾸었다. 전임 정치가가 후임 정치가를 추대하여 백성이 받아들이면 곧 하늘이 받아들인 것으로 이해했던 것이다. 요임금이 죽자 모든 조정 대신과 제후가 요의 아들 단주丹朱에게 조회하지 않고 28년간 섭정하던 순舜에게 조회한 것과 우禹임금이 죽었을 때 사람들이 섭정하던 익益에게 가지 않고 우의 아들 계啓에게 간 사례를 들었다.(『맹자』「만장 상」) 위에서 제시한 '천심은 민심' 식의 『서경』「주서」의 말은 맹자에 의해 "하늘은 우리 백성이 보는 것으로부터 보고, 하늘은 우리 백성이 듣는 것으로부터 듣는다"(『맹자』「만장 상」)라고 하여 '민심이 천심' 구조로 명확하게 바뀌었다.

이러한 민본주의 유교는 '위민爲民, 보민保民', 곧 민을 위하는 정치와 민을 보호하는 정치로 확장된다. 핏기가 덜 가신 갓난아기를 돌보듯이 조심조심 민을 돌보아야 한다는 위민, 보민 논리에서 군주는 백성의 부모라는 논리가 도출되었다. 세상에 젖먹이 자식 앞에서 강압적인 부모는 없다. 불면 꺼질까 전전긍긍, 조심조심하며 아기를 돌보는 것이 부모이고 부모의 마음이다. 이러한 민에 대한 부모의 마음을 외면하고, 근대는 군주의 부모론에 대해 강압적이고 수직적으로 이해했다. 물론 그릇된 이해임은 이 책을 읽는 동안 증명되리라 믿는다.

일반적으로 공자가 우민관을 가졌다고 이야기되지만 이는 수정되어야 한다. 실제로 공자는 군주에게 자기 인仁의 상대인 피치자의 뜻을 반드시 살펴야 한다고 강조했다. "다중이 싫어해도 반드시 살펴보아야 하고, 다중이 좋아해도 반드시 살펴보아야 한다."(『논어』「위영공」) 공자에 의하면, 백성은 하·은·주 삼대三代의 직도直道를 행할 수 있는 자들이다. "내가 남에 대해 누구를 헐뜯고 누구를 기리겠는가? 만일 기리는 바가 있다면 그것은 시험해본 바가 있기 때문이다. 이 백성이야말로 삼대 때의 직도를 행하는 자들이기에 함부로 칭찬하거나 비난할 수 없다."(『논어』「위영공」) 백성을 나무랄 수는 없고, 오히려 기린다면 이들이야말로 이상사회라고 하는 삼대의 정치를 할 수 있도록 직도를 행했던 자들이며 시험까지 해본 자들이기에 함부로 평가할 수 없다는 말이다. 말 그대로 곧은 도이고, 바른 도이며, 보편적인 도다. 유교의 대민관은 여기에서 시작한다.

"군자의 도는 비이은費而隱하여 필부라도 여기에 함께할 수 있지만 그 지극한 경지에 대해서는 성인이라고 해도 알기 어렵다."(『중용』)[6] 민은 피치자이지만 보편적인 도를 품부한 자들로, 근원적인 원리가 왜 그렇게 되는지는 모르나 그것이 진리이고 옳다는 것은 아는 보편적 진리의 담지자이자 주체다. 그래서 치자들이 정치를 잘하기만 하면 백성은 얼마든지 이를

정치, 함께 살다

수용하고 행할 능력이 있다는 뜻이다. 그럼에도 불구하고 유교의 우민관이 지배적이었던 이유는 "백성은 도리를 따르게 할 수는 있어도 그 원리를 알게 하기는 어렵다"(『논어』 「태백」)라는 진술에 근거하고 있다. 그러나 이 구절을 우민관으로 해석하기보다는 정치에 전문적으로 종사하지 않는 다수는 정책에 대한 원리를 이해하기는 어려운 반면 그것이 좋은 정책인지 아닌지는 분명히 판명할 수 있다는 논의로 받아들이는 것이 바람직하다. 이 진술을 우민관으로 해석하기 위해서는 맥락 속에서 이해하거나 『논어』의 다른 구절들에서도 일관성을 발견할 수 있어야 한다. 그런데 『논어』는 『맹자』나 『순자』와 달리 특히 단문이 많아 맥락만 가지고 분명한 뜻을 알기는 어렵다. 따라서 『논어』에 나타난 다른 구절들을 통해 진의를 파악하는 것이 바람직한데, 『논어』는 앞에서 본 직도론이나 백성에 대한 교육을 중시했다는 점에서 원천적으로 우민관과는 모순된 공자 및 유자들에게 교육이란 치자가 배우게 되면 인정을 베풀게 되고, 피치자가 배우게 되면 인정을 받아들이기가 쉬운 것으로 인식되었다. 공자에 의하면 백성이 "인자仁者에게 의지하는 것은 물이나 불에 의지하는 것보다 더 심하다."(『논어』 「위영공」) 게다가 부유하게 만든 다음에는 반드시 가르쳐야 한다고 하여 치자든 피치자든 교육은 반드시 필요하다고 보았다.

조선 후기 대표 유학자 다산茶山 정약용丁若鏞(1762~1836)에 이르면 국가와 정치권력이란 민에 의하여, 민을 위하여 존재하는 것임이 더욱 분명히 천명되었다.

통치자牧가 백성民을 위하여 존재하는가, 백성이 통치자를 위하여 존재

하는가? 아니다! 아니다! 통치자가 백성을 위하여 존재한다!⁷

「원목原牧」에서 다산이 던지는 첫 화두다. 그는 왜 이런 질문을 던지는 가? 그것은 백성이 미곡과 포사布絲를 바쳐서 통치자를 섬기고, 백성이 거마車馬와 종복을 차출하여 통치자를 송영送迎하며, 백성이 고혈을 짜내어 통치자를 살찌게 하니 백성이 통치자를 위해 존재한다는 인식이 통념으로 자리잡은 전도된 현실 때문이다. 다산은 이 전도된 현실을 바로잡아야 한다고 보았다. 그래서 단호하게 선언한다. 공동체 구성원들을 위해 정치권력자가 존재하는 것임을 먼저 선언한 다산은 이를 증명하기 위해 자연상태로 군거하던 인간에게 분쟁이 발생하면서 시비是非를 가리고 질서를 찾기 위해 분쟁 당사자들 스스로 자신들이 승복할 판결자를 정하게 된데서 정치권력의 기원을 찾고 있다. 그리고 이러한 원리가 이정里正·군왕君王·황왕皇王 등의 좀더 상위 차원으로 확대된 것이 정치권력의 전체적인 면모라고 설명한다.⁸

인정仁政, 민과 함께 즐기는 정치

공자 및 공자학파는 민본, 위민, 보민을 위해 당대 가장 선망의 대상이었던 패도정치覇道政治, politics of power의 본질을 폭로하고 왕도정치王道政治, politics of kingship를 주장했다. 특히 맹자는 당대 군주들에게 여자, 음악, 놀이 등의 본능적인 욕구 대상을 누림에 있어서 군주나 치자만이 아니라 그

정치, 함께 살다

것이 보편적 욕구인 만큼 민과 함께 누리는 여민동락與民同樂의 정치를 해야 한다고 주장했다. 그렇지 않고 이를 소수가 독점할 때 궁극적으로는 그들의 즐김도 오래가지 못한다고 경고했다. 유교의 인정을 D. 이스턴 식으로 말하자면, "희소가치의 권위적 배분은 궁극적으로 국민과 더불어 함께 누릴 때" 가능하다는 것이다.

유교에서 자기 자신의 내면적 성찰 욕구 및 능력의 도덕적 성향 역시 미각, 시각, 청각 등의 감각적인 기호와 마찬가지로 인간 본성이다.(『맹자』「고자 상」) 그리고 이러한 도덕적 본성의 충실은 인간에게 그 어떤 즐거움보다 더 큰 즐거움을 제공한다. 맹자에게 있어서 감각적 욕구와 도덕적 욕구는 인간에게 공통적으로 필수적인 것이지만, 도덕적 욕구의 충족이 더 큰 즐거움을 준다. 사실 이러한 본성론은 맹자에게서 인정仁政, 곧 도덕정치론으로 확장되는 것이다. 요컨대 맹자의 여민동락 이론은 통치자들의 감각적 쾌락의 욕구, 곧 감각적 즐거움을 통치자의 타자인 백성에게까지, 곧 통치자 자신의 마음을 백성에게까지 추기급인推己及人하는 정치로 확장된다.(『맹자』「양혜왕 하」) 다시 말해서 통치자 혹은 통치세력이 좋다고 보는 쾌락이면 백성에게도 좋은 쾌락일 것이므로, 혼자만 혹은 소수의 통치세력만이 그 쾌락樂을 독점하는 것이 아니라 '백성과 공유하는 것與民同樂'이 곧 인이 실현되는 지점인 것이다. 곧 여민동락은 통치자의 인의 실천이다. 물론 통치자의 덕성이 구현되는 지점이다.

정치의 고유한 수단인 강제력으로 부국강병을 추구하는 패도정치는 힘의 정치가 본질이다.(『맹자』「공손추 상」) 그것은 반드시 부국강병을 요구한다. 부국강병 자체가 목적이 될 때 각국은 필연적으로 끊임없는 전쟁 상태에 있을 수밖에 없다. 결과적으로 백성을 사지인 전쟁터로 내몰 수밖에 없다.(『맹자』「양혜왕 상」) 패도정치의 본질적 목적이 부국강병에 있는 한 그것은 궁극적으로 "사랑하는 백성과 자제들을 희생시켜가면서까지 사랑하지 않아야 할 재물이나 영토를 아끼는 정치, 곧 영토 때문에 인민과 자제들을 전쟁터로 내모는 정치"를 면할 수 없다.(『맹자』「진심 하」)

그렇기 때문에 패도정치는 겉으로는 부강한 정치 같지만 사실은 연목구어緣木求魚보다 못한, 마침내 반드시 전쟁이라는 재앙을 초래하고야 마는(『맹자』「양혜왕 상」) 군사주의와 금권주의 행위에 지나지 않는다. 심지어 그것은 "토지 때문에 사람 고기를 잡아먹는 정치, 그리하여 죽어도 그 죄를 용서받지 못할 정치"로 인식된다.(『맹자』「이루 상」) 그리고 이러한 군사주의와 금권주의는 '백성을 위한' 위민 정치가 아니고, '백성과 함께하는' 여민 정치도 아니며, '백성을 배제하고 군주만을 즐겁게 하는' '제민낙군除民樂君', 곧 '위군爲君'의 정치다. 물론 백성을 배제하는 정치에서의 '위군'은 진정한 위군이 아니라 결과적으로 군주도 망하게 하는 '망군亡君'이고 이는 '망국亡國'으로 귀결된다.(『맹자』「양혜왕 상」)

하지만 왕도정치는 패도정치와 그 본질을 달리한다. 왕도정치란 인정仁政, politics by virtue에 의해 백성으로부터 자발적 복종을 확보하는 정치다.(『맹자』「이루 하」) 군주와 백성의 즐거움이 동시에 보장된다.

인정仁政이란 '인민의 생활보장(양민養民)'에서 시작하여 '인민의 도덕 교육(교민教民)'으로 완성을 보는 정치를 추구하는 것이다. '양민과 교화養民而教化'가 동시에 충족되는 인정은 백성의 만족도와 성숙도를 충족하기에 자발적 복종 및 정치질서에의 충성심을 확보하는 것으로 간주되었다. 이

정치, 함께 살다

는 로크(1632~1704), 홉스(1588~1679) 등 17세기 고전적 자유주의자들의 '국가가 개인에게 개인의 생명과 재산을 지켜주는 것을 전제로 개인이 국가에 충성한다'고 보았던 것과 유사하다고 할 수 있다.

맹자는 그것을 기원전 2세기의 어법으로 통치자들에게 요구했다. 그리고 이는 백성의 생명 보호를 최우선 목적으로 삼는 정치로서, '양민과 교민'에서 그 기본적인 실천 방법을 찾는다. "5묘의 집에 뽕나무를 심으면 쉰 살 먹은 이가 비단옷을 입을 수 있다. 닭·돼지·개 등을 기르는 데 있어서 새끼 낳는 때를 박탈하지 않으면 일흔 살 먹은 노인이 고기를 먹을 수 있다. 100묘의 전답에 농사짓는 철을 박탈하지 않으면 여러 가구가 굶주리지 않을 수 있다. 그런 뒤에 학교 교육(상서지교庠序之敎)을 정성스럽게 하여 효제孝悌의 뜻을 펼친다면 반백 노인이 길에서 짐을 지지 않게 된다. 일흔된 자가 비단옷을 입고 고기를 먹으며 젊은이들이 굶주리지 않고 추위에 떨지 않게 하는 것, 이렇게 하고서도 왕도정치를 이루지 못하는 이는 없다."(『맹자』「양혜왕 상」,「진심 하」) 그리고 그것은 결코 거창하거나 어려운 방법이 아니라 구성원들의 자율적인 삶이 가능하도록 국가가 환경을 조성해주고 보호, 배려하는 것과 더불어 인간다운 교육을 시행하기만 하면 된다는 요구였다.

민생, 왕도정치의 시작

왕도정치의 일차적 토대는 '양민養民', 즉 민생 문제의 해결이다. 공동체 구성원들의 생명과 안전을 보장하는 것은 모든 정치공동체의 기본적인 임무다. '부민富民', 곧 '백성을 부유하게 만드는 것'이 군주다운 군주이고 인의 가치를 구현하는 군주의 일차적 조건이다. 흔히 유교는 도덕성을 강조하고 물질적인 부는 뒤로했다고 생각하는 경향이 있다. 그러나 결코 그렇지 않다. 공자는 국가가 백성을 상대로 가장 급선무로 해야 할 일은 백성을 부유하게 해주는 것이라고 보았다. 이미 부유하게 만든 다음에는 교육시킬 것을 주장했다.(『논어』「자로」) 또 공자는 아예 족식, 족병, 민신을 정치적 과제의 세 요소로 꼽았다. "식량을 풍족하게 하고, 군대를 튼튼하게 해야 하며, 백성이 정치인을 신뢰하도록 해야 한다."(『논어』「안연」) 그뿐만 아니라 공자는 『논어』를 마무리 짓는 대목에서 성왕 요가 순에게 남긴 선양禪讓의 변辯 "……사해의 백성이 곤궁하면 천록天祿도 영원히 끊어질 것이니"를 인용한 뒤 "순임금께서도 또한 우임금께 이 말씀으로 명하셨고"(…) "무왕武王의 경우도 중요하게 여기신 바는 백성의 식량食量·초상·제사였다"(『논어』「요왈」)라고 하여 민생 문제 해결이 국가 운영의 가장 근본임을 결론적으로 강조했던 것이다.

이와 같이 공자는 민생 문제가 물질적 궁핍으로부터의 구제를 넘어 '부민', 곧 백성의 부유함의 경지까지 이를 것을 추구했다. 또 '박시제중博施濟衆'은 인자仁者를 넘어 요임금이나 순임금 같은 성인聖人의 경지로 이해했다.(『논어』「옹야」) 공자는 안백성, 곧 치인治人의 구체적인 내용을 이루는 것 중 하나는 넉넉한 분배를 통하여 백성으로 하여금 물질적 궁핍으로부터 해방시키는 것이라고 말한다. 백성을 물질적으로 안백성하는 이러한 실천은 공자에게 있어 군주가 자신이 원하는 것을 타인도 할 수 있도록 하는 인의 논리의 실천으로 이해되었다. 그렇기 때문에 공자는 백성이 부유할 경우 가난한 군주는 있기 어렵다고 인식했다. 반면에 군주 혹은 소수만

정치, 함께 살다

부유하고 백성이 가난하면 그 군주나 소수의 부는 오래 유지되기 어렵다고 인식했다.

맹자 역시 공자의 민생론을 분명하게 계승했다. "백성은 안정된 직업(항산恒産)이 보장되지 못하면 안정된 마음(항심恒心)도 없다. 안정된 마음이 없으면 방벽사치放辟奢侈하지 않을 수 없고, 때문에 종국에는 범죄를 저지르지 않을 수 없다. 그런데 죄를 저지르지 않을 수 없도록 만들어놓고 범죄를 저질렀다고 처벌한다면 이것은 백성을 그물로 긁어서 투옥시키는 짓이다."(『맹자』「양혜왕 상」) 즉 인민의 생계보장이 안 되는 정치, 안정된 직업을 제공하지 못하는 정치는 백성을 범죄 구덩이로 몰아넣는 짓거리에 지나지 않는다.

양민의 수준은 상당히 높다. "백성의 산업을 제정할 적에는 반드시 부모를 우러러 섬기는 데 족하게 하고 아래로는 처자를 기르는 데 족하게 하며, 풍년에는 종신토록 배부르게 하고 아무리 흉년이 들더라도 최소한 죽을 지경까지는 이르지 않게 해야 한다. 그런 뒤에야 백성을 선善하게 만드는 것이 가능하다"(『맹자』「양혜왕 상」)라는 진술에 잘 드러난다. 나아가 그것은 "살아 있는 사람을 봉양하고 죽은 사람을 장사 지내는 데 후회 없도록 하는 수준"(『맹자』「양혜왕 상」)은 되어야 '양민'이라 할 수 있다. 인간 생활의 시공간은 '삶' 아니면 '죽음'이다. 인간은 둘 중 어느 하나에 속하기 마련이다. 결국 양민이란 모든 시공간에서 후회가 없도록 하는 상태가 충족된 것이다.

유교는 이러한 '양민된 상태'라는 것이 인간의 정치 행위나 사회 행위가 '생사生死의 자연적 이치'를 위반하지 않으면 충분히 가능하다고 인식하고 있었다. 다시 말해서 국가나 정치가 인위적인 수탈 구조로의 대민수탈을 자행하지 않으면 '양민'이 충분히 가능하다고 전망한 것이다. 또 살아 있는 사람을 봉양하고 죽은 사람을 장사 지냄에 후회가 없도록 하는 것이 왕도王道의 시작이라고 했다.(『맹자』「양혜왕 상」) 그런데 이러한 생사의 자연적 이치의 준수 요구는 당시 패도정치적 지향과는 전혀 상반된다는 사실이 중요하다. 왜냐하면 '농사철을 어기지 않는다' 함은 사실 농사짓는 노동력을 전쟁에 동원하지 말라는 메시지이고, 이는 곧 전쟁의 포기 혹은 종식을 요구하는 것이기 때문이다. 즉 『맹자』는 농민을 전쟁터에서 해방시켜 본연의 위치로 복귀시킬 것을 요구하고 있었던 것이다.

교육, 왕도정치의 완성

정치의 가장 기초적 의무는 공동체 구성원들의 생명을 보존하는 것이다. 그러나 품격 있는 인간적 삶이라면 물질생활만으로는 충족될 수 없으며 도덕적·정신적 만족이 반드시 요구된다. 인간은 생물학적 본성도 지니지만 도덕적 본성도 지니고 있기 때문이다. 생물학적 본성은 인간이 여타 생물들과 공유되는 점이지만 도덕적 본성은 인간에게만 고유한 것으로 간주된다. 곧 인간은 생물학적 본성 차원에 머무르지 않고 도덕적 본성까지 구현할 때 비로소 '인간다운 인간'이 되고 금수와 구분되는 인간이 된다는 것이다.(『맹자』「이루 하」) 이를 위해서는 새로운 인간으로 거듭나기 위한 인간 스스로의 수양이 필수적이다. 또한 여기에는 개인의 노력 못지않게 국가 차원의 도움도 필요하다. 바로 이 지점에서 국가에 의한 인간적 교육의 필요성이 제기된다. 그리고 이는 윤리적 인간으로의 인간 혁명이야

정치, 함께 살다

말로 진정한 정치 혁명임을 의미한다. 정치공동체적 삶이 필수적인 인간 Zoon Politikon에게는 어떤 형태로든지 도덕적 본성의 충족 없이는 공동체 삶 속에서의 조화로운 삶의 실현이 불가능하기 때문이다.

유교의 위대성은 이 점에 주목하여 인간의 고유한 특성, 곧 인간다움을 인간의 도덕성이나 윤리성에서 찾았다는 점에 있다. 따라서 왕도정치의 완성을 '교민', 즉 인간의 윤리화·도덕화에서 찾고, 정치의 궁극적 이상이 여기에서 완성되며, 이것이 인도와 천도가 일치되는 상태에 있다고 본 것이다. 즉 인간의 도덕적 의지와 그것의 정치적 실천을 하늘의 권위와 동격에 두고 있다.

교육을 중시한다는 것은 기본적으로 피교육자의 학습능력을 인정한다는 것이고, 이는 지적 인간의 가능성을 전제로 하는 것이다. 유교는 교육을 받으면 "인간 사이의 등급 차이가 없다"(『논어』 「위영공」)거나 실제 "본성은 비슷한데 습성 때문에 능력 등이 달라졌다"(『논어』 「양화」)고 봤다는 점에서 기존의 우민관이라는 왜곡된 백성관과는 거리가 멀다.

공자를 비롯한 유자들은 백성 교육의 중요성을 크게 강조했다. '백성을 부유하게 한 다음에는 반드시 교육시켜야 한다'고 한 공자는 특히 백성을 가르치지 않고 전쟁터에 내보내는 것에 대해서 극단적으로 경계했다. "선인 善人이 7년 동안 백성을 가르치면 또한 군대에 보낼 수 있다. 백성을 가르치지 않고 전쟁터에 나가게 하는 것은 백성을 버리는 행위다"(『논어』 「자로」)처럼 백성의 존엄성, 원천적 능력을 절대 신뢰하는 구절이 동시에 보인다.

당시 백성의 교육을 강조했다는 점은 특별히 공자 및 유교의 진보적 측면을 엿볼 수 있는 중요한 지점이다. 당시 지배적인 사조를 고려하면 상대적으로 더욱 그렇다. 당시 법가, 도가, 묵가의 지배 사조는 모두 피치자에 대한 교육을 부정했다. 후대 진시황에 의한 분서갱유焚書坑儒에서 상징되듯이 원천적으로 지식을 배척했다는 선진법가는 부강에 힘쓸 뿐 지식 일반에 대해, 특히 피치자의 교육에 대해서는 무용론을 펼치고 있었다. 선진 도가나 묵가 역시 치자든 피치자든 지식이란 평화와 자연적인 삶을 해치는 악덕으로 간주하여 교육무용론을 전개하는 등 취지야 어찌 되었든 피치자의 교육론을 경시했다. 이에 반해 공자가 치자 혹은 치자 후보생만이 아니라 피치자 백성 일반에게도 교육을 강조했다는 점은 유교가 매우 독특하면서도 진보적인 사유 체계였음을 말한다고 하겠다.

균민, 안정의 열쇠

인仁을 실천하는 군주의 구체적 내용 중 또 하나는 균민均民, 곧 사회적 가치 분배의 형평성 구축이다. 공자에 의하면, 국민은 결코 '개돼지로 취급받아서는 안 된다.'(2016년 교육부 정책관이란 자가 "민중의 99퍼센트는 개, 돼지"라고 말해 국민의 공분을 사고, 파면된 바 있다.) 물질적 궁핍으로부터 해방되는 일이 급선무이기는 하나 그것만으로 그쳐서는 안 된다. 백성에게 있어 가난보다 더 문제되는 것은 공정성의 확보다. 공자는 가난 자체보다 경제적 불평등을 비롯한 사회적 제 가치의 불균형을 문제 삼았다.

나는 '국가를 다스리는 자는 적음을 근심하지 않고 고르지 못함不均을 근심하며, 가난을 근심하지 않고 편안하지 못함安不을 근심한다'는 말을 들었다. 대개 고르면 가난함이 문제가 되지 않고, 화목하면 적음이 문제되지 않으며, 편안하면 전복될 일이 없기 때문이다. 이런 까닭에 이웃 나라 백성이 복종해오지 않으면 전쟁을 일으킬 것이 아니라 문덕文德을 닦아서 스스로 오게 만들고, 자발적으로 복종해오면 편안하게 해주어야 하는 법이다.(『논어』「계씨」)

균형 있는 사회는 조화롭고 안정적이다. 지나친 불평등으로 균형이 깨지면, 사회적 조화는 기대하기 어렵다. 사회적 조화가 깨지면 결국 조화에 필수적인 예禮도 무너진다. 만사萬事에 응하는 예가 무너지면 사회질서 자체가 붕괴된다. 공자가 가장 우려했던 무질서가 초래된다. 공자의 '균민'은 무차별 평등을 말하는 것이 아니다. 무차별 평등은 역으로 불공평을 낳을 수 있다. 예컨대 일하지 않은 자가 똑같이 누리는 것은 열심히 일한 자에게 부당함을 안겨준다. 공평성이 관건이다. 때문에 '균'은 '화和'와 함께하는 개념이다. 요컨대 불균不均은 불화不和다. 궁극적으로 사회적 안정의 붕괴로 연결된다. 역으로 공평성에 기초한 균민은 사회적 조화, 곧 조화로운 세상, 살 만한 세상으로 귀결된다. 심한 양극화는 그 자체가 사회를 위험에 빠뜨린다. 요컨대 정치란 피치자를 배제하는 치자 중심의 행위가 아니라 치자는 물론 피치자와의 공존을 추구할 때 성립되는 것이다. 즉 피치자들 사이의 균형을 이루는, 아울러 치자와 피치자의 균형을 이루는 것이 인정仁政이다. 왕도정치이고, 또 이상정치다.

5.
덕주법보, 정치의 폭력화를 경계하다

앞서 정치의 개념을 살펴보면서 정치만이 유일하게 합법적으로 강제력을 사용한다는 점을 언급한 바 있다. '합법적 강제력'의 다른 말이 법이다. 그리고 그 법을 지키지 않았을 때 가해지는 것이 형벌이다. 하지만 이 법이나 형벌로 대표되는 강제력은 어디까지나 필요악이다. 부득이 사용할 뿐 그 자체가 선한 것은 아니다.

유교는 정치의 바로 이러한 속성에 주목한다. 다시 말해서 부득이 법이나 형벌을 쓰지 않을 수는 없지만 그것은 어디까지나 필요악의 부분이기에 가능한 한 그것을 최소화할 것을 요구한다. 즉 법과 벌의 폭력성을 경계한 것이다. 요컨대 유교의 인정仁政을 실현하는 정치 방식은 덕치德治와 예치禮治라는 자발적 규제 방식을 위주로 하고 법치法治와 형치刑治라는 강제적 규제 방식을 보조로 하는 이른바 '덕주법보德主法輔'의 방식을 주장한다.

공자는 정치가 지닌 강제력의 속성 때문에 정치가 자칫 공권력이 아니라 강제력, 곧 폭력 자체에 머물 가능성을 매우 경계했다. 사실 현실정치는 예나 지금이나 폭력성을 노정한다. 하지만 이것이 본질은 아니다. 따라서 정치의 관건은 폭력성을 경계하고 본래의 목적인 공권력의 정당한 사용을 실천하는 것이다. 그래서 공자는 앞에서 이미 언급한 바처럼 '정치는 바르게 사용하는 것'이라고 했다. 공권력을 올바로 사용할 때 비로소 정치라고 하여 폭력과 정치를 구분했던 것이다.

"법 소송을 처리함에 있어서는 나도 남들과 같겠지만, 할 수만 있다면 송사하는 일 자체가 없도록 하려 한다"(『논어』「안연」)라는 진술에서 보듯 법의 존재 이유와 관련하여 유교는 두 가지 측면을 보여준다. 현실에서 범죄가 존재하는 한 공자도 형치로서의 법치를 인정하고 처리할 수밖에 없지만 이를 대하는 자세나 정신은 기필코 형치가 없어지는 그날을 추구한다는 것이다. 곧 현실에서 존재하는 법을 시행함에 있어서 최대한 공정하게 시행하되 나아가 궁극적으로는 '소송과 소송에 따른 형치가 없는 미래 정치'를 지향한다는 말이다. 이는 '법의 존재 이유는 법 없는 사회 구현'을 위해서라는 현재 통용되는 법의 존재 정신 혹은 이상과 상통한다.

이러한 법 이상을 현실에 구현하고자 유교적 방법을 구체적으로 모색한 것이 덕주법보 이론이다. "정령政令으로 이끌고 형벌刑罰로써 억제한다면 백성은 죄만 면하면 그만일 뿐 양심이 없다. (그러나) 덕성德性으로 이끌고 예제禮制로써 억제한다면 백성은 양심적일 뿐만 아니라 인격자가 된다."(『논어』「위정」) 요컨대 강제력에만 의존하는 형치적 법치는 정치 구성원들로 하여금 법망만 피해가면 그뿐이라는 풍토를 조성하여 끊임없이 형벌 사회가 계속되겠지만, 인간다운 도덕 교육과 예의범절이나 문화 등 자발적 동의기제에 입각한 다스림인 덕치/예치는 구성원들로 하여금 양

1장 해설로 보는 유교정치학

심과 자발성에 기초한 정치사회생활을 가능하게 함으로써 이상적인 공동
체생활을 구현할 수 있다는 것이다.

물론 유교는 선심善心이나 선법善法이 모두 갖춰져야 좋은 정치가 가능
하다고 인식한다.(『맹자』「이루 상」) 그러나 유교는 민생에 기초한 교육에
의한 정치가 강제력에 기초한 법치보다 더 우위에 있음을 강조한다. "선정
善政은 선교善敎로 민심을 획득하는 것보다 못하다. 선정은 백성으로 하여
금 통치자를 두려워하게 하고 선교는 백성으로 하여금 그를 아끼도록 만
든다. 선정은 백성의 재물을 얻지만 선교는 백성의 마음을 얻기 때문이다."
(『맹자』「진심 상」)

요컨대 유교는 법 자체를 반대하는 것이 아니라 법의 강제성에 의존하
는 정치를 경계한 것이다. 오늘날 법 개념에 비추어 말한다면 자발적 동의
에 의한 법치(덕·예)를 강조하고 강제에 의한 법치(정·형)의 남발을 경계
한 것이다.

6.
오륜과 이륜, 조화적 인간관계

오륜, 다섯 가지 이상적인 관계 윤리

유교사회에서 흔히 들리는 말이 인륜人倫, 오륜五倫, 이륜二倫 등의 용어다. 인륜이 인간 윤리의 약자라면, 오륜은 인간 윤리 중에 다섯 가지 윤리, 이륜은 두 가지 윤리라는 의미다. 이는 유교가 인간 삶의 핵심을 인간적인 관계 속에서 찾고 있음을 시사한다. 유교사회는 왜 이렇게 인간관계 윤리를 중시할까? 그리고 이것이 정치와 무슨 관계가 있을까?

인간은 숙명적으로 고립적 존재일 수 없다. 사람은 태어날 때부터 부모의 몸을 빌려서 태어나 부모에게 의존하여 양육된다. 성장하여 부모와는 무관한 독자적인 세계를 형성하는 것 역시 또 다른 관계망을 형성하는 것에 다름 아니다. 즉 인류의 존재 자체는 가족이라는 일차적 관계망으로부터 시작하여 사회와 국가라는 이차적 관계망을 형성함으로써 가능했던 역사다. 이러한 인간의 관계적 존재성을 통찰한 맹자는 그것을 인간인 이상 누구도 피해갈 수 없는 다섯 가지 관계망으로 압축하고, 이에 따르는 관계 덕목을 추출했다. 이른바 오륜五倫이다. "후직后稷(농림부 장관)이 백성에게 농사짓는 법을 가르침으로써 오곡이 무르익어 백성을 기를 수 있게 되었다. 그런데 사람에게 살아갈 방도가 있게 되었지만 배부르고 따뜻해도 가르치지 아니하여 금수에 가까운 상태가 되었다. 그리하여 성인聖人(순임금)이 그것을 걱정하여 설契(교육부 장관)로 하여금 인륜人倫을 가르치게 했다. 부자유친父子有親, 군신유의君臣有義, 부부유별夫婦有別, 장유유서長幼有序, 붕우유신朋友有信이 그것이다."(『맹자』「등문공 상」) 실로 이 다섯 가지 관계망은 인간의 모든 관계망을 포섭한다고 보아도 과언이 아니다. 사적 관계로서의 부부관계와 부자관계, 공적 관계로서의 군신관계, 공적 영역과 사적 영역이 중첩된 장유 및 붕우관계! 어느 누가 이 관계망에서 벗어날 수 있다는 말인가? 피할 수 없는 관계라면 관건은 조화로운 관계 유지에 달렸다. 유교는 인간이라면 그 누구도 부정할 수 없는 이 관계망을 조화롭게 유지하는 것이 바로 인간공동체의 조화를 구현하는 길이라고 믿고 있다.

　그런데 조화로운 관계가 유지되는 덕목은 그 관계마다 상이하다. 오륜으로 대표된 인륜人倫이란 글자 그대로 '사람人의 몫倫(차례·질서)'을 말한다. 사람의 '몫'이란 즉자적·고립적으로 확보되는 것이 아니다. 특정인의 몫은 필연적으로 그 사람이 서 있는 타인과의 위상과 역할 속에서 상대적으로 규정된다. 즉 한 개인은 자식으로서의 역할도 있지만 부모로서의 역할도 있으며, 친구로서의 역할도 있다. 그때마다 개인은 그 역할에 맞는 몫이 할당되어 있다. 이는 역할에 부과되는 의무와 권리, 곧 '행해야 할 의무'

와 '누려야 할 권리'를 말한다. 바로 이러한 '관계 속에서의 개인의 역할에 따른 의무와 권리의 총체성'이 곧 개인의 정체성을 규정한다.

부모와 자식은 운명적인 관계이므로 인위적으로 부정할 수 없다. 소위 자연적 결속관계, 곧 천합天合이기 때문에 그 관계가 청산될 수는 없다. 그러나 군신관계는 다르다. 군주가 심히 군주답지 못하면 갈아치워야 한다는 것이 맹자의 방벌론放伐論이다. 양자는 정의justice가 매개된 인위적 결속관계, 곧 의합義合이기 때문이다. 따라서 군주나 신하가 공적 논리에서 옳지 않다면 서로 결별하는 것이 정당하다. 이렇듯 관계마다 '조화로운 관계의 덕목'은 상이하다. 즉 부자 사이에는 친함親이, 군신 사이에는 옳음義이, 부부 사이에는 상호 존중別이, 장유 사이에는 차례序가, 친구 사이에는 신뢰信가 형성될 때 조화로운 관계가 유지된다.

인륜관계를 상정하는 유교의 규범세계는 쌍무 호혜적이다. 즉 쌍무 계약적이지 않다는 말이다. 오륜으로 대표되는 인륜 정신은 어느 일방이 의무를 수행하지 않았다고 해서 그에 상응한 타인의 의무 파기를 옹호하지 않는다. 왜냐하면 쌍무 계약성만으로는 인간사회의 갈등과 투쟁을 방지하지 못한다고 보기 때문이다.

그리고 이렇게 각자의 몫이 쌍무 호혜적으로 배려되는 사회를 공자는 '정명正名', 곧 명분이 바로잡힌 사회라고 보았다. 바로 이 "군주는 군주답고 신하는 신하다우며, 부모는 부모답고 자식은 자식다운"(『논어』 「안연」) 공자의 정명사회를 맹자가 오륜으로 구체화·체계화했던 것이다. 이와 같은 유교의 관계주의 윤리관은 쌍무 호혜주의, 조화주의, 배려주의라고 평가할 수 있다.

이륜, 정의의 원천

유교정치사상은 다양한 인륜 중에서도 오륜이, 더 압축하면 이륜이 가장 중요하다고 보았다. 그것은 가족윤리와 국가윤리다.

인간의 행복한 삶은 인간을 둘러싼 가장 포괄적인 공동체인 국가생활에서 가장 완전하다. 유교는 인간 개인의 '가족적 인간'의 숙명성뿐만 아니라 '정치적 인간'의 숙명성을 인정한다. 따라서 개인 인격의 자기완성과정은 최초의, 그리고 가장 기본적인 가족적 존재로서의 인간 개인은 물론 정치적 존재로서의 인간 존재와 결코 무관할 수 없다고 인식한다. 그래서 유교는 개인-가족-국가의 관계 속에서의 존재로서의 인간 개념을 체계적으로 설명했다. 유교의 관점에서 볼 때 가족이 조화로운 인륜공동체의 가장 기초적인 형태라면 국가와 천하세계는 가장 추상적이면서 완결된 형태다.

인간 본질을 특히 관계적 존재성에서 찾는 유교질서관의 입장에서는 가족질서와 국가질서가 없는 공동체는 온전한 공동체일 수가 없다. 따라서 이러한 인간적 삶을 저해하는 어떠한 사상이나 학설도 비판받아 마땅하다. 이런 맥락에서 맹자의 도가 및 묵가 비판을 이해할 수 있다. "양주楊朱의 학설은 위아주의爲我主義이므로 무군無君(정치공동체의 부정)이다. 묵적墨翟의 학설은 겸애주의兼愛主義이므로 무부無父(가족공동체의 부정)다. 그런데 무부무군 상태는 금수다. (…) 따라서 양주와 묵적의 도는…… 짐승을 몰아다가 사람을 잡아먹게 하고(솔수식인率獸食人) 나아가서는 사람끼리 서로 잡아먹을 것이다."(「등문공 하」) 이 진술에서 보듯이 맹자는 양주와 묵적의 사상으로 대표되는 개인주의 경향의 이념이나 전체주의 경향

정치, 함께 살다

의 이념에 대해 그것이 궁극적으로 각각 국가질서와 가족질서, 곧 공사公 私 영역을 붕괴시키고 나아가 인간사회 자체를 파멸시킬 것으로 우려했다. 그리고 바로 이 점에서 유교와 여타 사상을 구별할 수 있다. 유교는 '유부 유군有父有君의 조화', 즉 공사 영역의 조화를 추구하는 정치 이념이었다.

유교의 덕치론에서 추구하는 지향은 다음의 예에서 잘 드러난다. 『맹 자』에는 천자 순舜의 아버지 고수瞽瞍가 살인을 저질렀을 경우를 가정해놓 고 한편으로는 최고 통치자(지존의 공인)이면서 다른 한편으로는 아들(평 범한 사인)인 순의 대응을 묻는 가설적 질문이 나온다. 요컨대 국가윤리와 가족윤리가 충돌할 때 어떻게 해야 하는지 물었던 것이다. 이때 맹자는 공 인으로서의 순은 법관인 고요皐陶로 하여금 당연히 형을 집행하게 하되, 사인으로서의 순은 천자직을 버리고 자연인으로 돌아가 차라리 자신이 범죄자가 되어 벌을 받을지언정 아버지 고수를 업고 도망갈 것이라고 답변 했다.(『맹자』「진심 상」) 이는 부자간의 관계는 끊을 수 없는 인지상정人之常 情이고 이 인지상정에 기초하여 유교의 법 질서가 기초되었다는 점을 보여 준다고 하겠다. 물론 감옥으로부터 아버지를 도망시킨 순 역시 범죄자가 될 것이다. 다만 자신은 범죄자가 될지언정 노부는 살리고 싶어한다는 인 간의 자연적 정서를 인정한다는 말이다. 그리고 이는 『논어』에서 공자가 아버지를 고발하지 않은 아들을 처벌하지 않는다는 것과 같은 논리라고 하겠다. 또 이는 오늘날 범인 은닉죄 혹은 불고지죄가 가족에게는 적용되 지 않는 것과 같은 법 원리가 적용된 것이라고 하겠다.

7.
유덕자, 수기치인의 주체

수기치인, 도덕과 정치

유교 이념에서 수신으로부터 시작된 개인의 완성은 가족의 범주로부터 국가·천하세계의 범주로 확장된다. 그리고 그 주체는 연쇄적이다. "물物에는 본말이 있고 사事에는 종시가 있으니, 선후를 가릴 줄 안다면 도에 가깝다. 옛날 천하에 명덕을 밝히려는 자는 우선 자기 나라를 다스렸고, 나라를 다스리려는 자는 우선 자기 가정을 다스렸고, 가정을 다스리려는 자는 우선 수신했고, 수신하려는 자는 우선 마음을 바르게 했고, 마음을 바르게 하려는 자는 우선 뜻을 참되게 했고, 뜻을 참되게 하려는 자는 우선 올바른 앎에 도달했다. 올바른 앎에의 도달은 격물에 달려 있다." "천자에서 서인에 이르기까지 한결같이 수신修身이 근본이다."(『대학』 1장) 이른바 대학의 격물格物, 치지致知, 성의誠意, 정심正心, 수신修身, 제가齊家, 치국治國, 평천하平天下의 팔조목八條目이다. 이는 맹자에게서도 다시 확인된다. "천하의 근본은 나라에 있고, 나라의 근본은 집안에 있으며, 집안의 근본은 자신에게 있다."(『맹자』「이루 상」)

유교는 왕도정치의 관건이 군주의 능력에 달렸다고 본다. 즉 군주가 얼마나 정치적 선악을 잘 판단하는지, 얼마나 진실된지, 얼마나 실천적인지라는 수기 위에 정가, 치국, 평천하된다는 것이다. 이른바 수기치인修己治人 체제의 출범이다. 그리고 이는 정당한 인식이다. 오늘날 공직 인사나 인사 청문회에서 '직무와 도덕성은 무관하다'는 식의 태도를 흔히 볼 수 있다. 하지만 이는 매우 심각한 문제를 안고 있다. 다른 이도 아니고 정치인의 부도덕성은 곧 정치적 부패나 무질서를 의미하기 때문이다. 2016년 막바지 대한민국은 그 어느 때보다도 처절하게 이로 인한 아픔을 겪고 있다. 수기란 정치인이 정치를 하기 전에 그리고 정치를 행하는 과정에서 반드시 갖추어야 할 도덕성, 정치적 판단 능력, 수행 능력 등 전반적인 면에서의 정치적 자질이 갖추어진 것을 말한다. 이번처럼 대통령이 비선 조직을 상대로 중요 국정을 유출하거나 공유해서 부패가 개입하게 해서는 안 된다. 만일 이를 모르고 했어도 수기가 안 된 것이고 알고 했어도 수기가 안 된 것이다. 수기가 안 된 상태에서 직접적인 정치 참여인 치인을 하게 되면 지금과 같이 온 국정이 흔들리고 국민이 불안한 상태에 빠지게 되는 무서운 결과를 낳게 되는 것이다.

마지막으로, 유교의 덕치가 '도덕규범의 실질적·내면적 준수를 요구'하는 점만 강조되어온 경향이 강했던 점과 관련하여 이 역시 재고가 요청된다. 흔히 수기론으로 집약되는 인정론仁政論의 도덕적 정향은 물론 최고 지선의 상태를 추구한다. 그리고 그것은 지선의 도덕적 상태와 동일한 진술이기도 하다. 그러나 여기서 말하는 지선의 도덕적 상태란 어디까지나, 이미 앞에서 '양민 이후 교민' 논의에서 보았듯이, 법제도적인 차원에서 정치공동체 구성원들의 생명과 재산을 보호한 뒤에 가능한 것임을 분명히 하고 있다는 점을 상기할 필요가 있다. 통치자층에게 수기를 요구한 것도 바로 그것이 인민의 생명과 재산 및 행복을 보호하는 제도 마련이라는 목적의 선결 조건이기 때문이다.

유덕자, 정치 주체

1987년 직선제 수용 이래 30여 년을 맞은 현재 대한민국 정치의 민주화는, 적어도 절차적 민주주의procedural democracy 면에서는 상당한 진전을 이루었다. 1948년 제헌의회에서 간선으로 이승만 초대 대통령이 출범한 이래 1987년까지 40년 동안 필요에 따라 직선제, 간선제로 휘둘렸던 한국 대통령 선거제의 역사를 고려하면, 1987년 이후 지금까지 적어도 대통령 직선제로 대표되는 한국의 절차적 민주주의는 이미 정착했다고 평가해도 과언이 아니다. 하지만 2016년 말 불거진 국정농단 사태에서 보듯이, 향후 문제는 실질적 민주주의substantial democracy의 정착이라고 하겠다. 그런데 절차적 민주주의에서는 소위 '법치法治'가 관건이었다면 실질적 민주주의에서는 운용의 문제, 곧 '인치人治'가 더 중요한 문제가 된다.[9] 요컨대 절차적 민주주의에서는 정기적인 선거 실시가 관건이었다면, 실질적 민주주의 단계에서는 훌륭한 정치 지도자의 선출과 정치적 지도력

political leadership 및 성숙한 국민의식followership이 관건이라고 하겠다.

유교는 그 어떤 사상보다도 정치 지도자의 역할을 강조해왔다. 플라톤(기원전 427~기원전 347)은 개인의 목숨을 좌우하는 수술에는 그 분야에 정통하다는 의사를 찾아가면서 아테네인 전체의 미래가 달린 정치는 누구나 할 수 있다는 아테네의 직접 추첨제 민주주의 정치 원리에 대해 심각하게 고민했다. 유교 역시 그에 못지않게 정치 지도자의 손에 공동체 전체의 운명이 달려 있다고 강조한다. 물론 유교는 잘 정비된 제도에 의한 정치, 곧 시스템에 의한 정치를 매우 중시했다. 반면 그에 못지않게 제도를 운영하는 정치가의 자질이나 능력 또한 매우 강조했다. 제도의 운영 자체가 궁극적으로 최고 정치가의 지도력에 달렸고, 그것은 곧 최고 정치가의 여타 자질과 함께 도덕성에 달려 있다고 보았다. 세계를 놀라게 한 촛불 민심에서 드러나듯이, 대한민국 국민의 정치의식과 수준이 아무리 높다한들 최고 정치인의 부패와 잘못은 고스란히 국가와 국민에게 큰 피해와 상처를 주기 때문이다. 때문에 유교는 정치 제도의 개선 못지않게 최고 통치자의 도덕적 수양 및 공동체 구성원의 도덕적 교화를 중시했다. 유교의 정치 지도자론은 역대 대한민국 최고 정치 권력자들의 지도력 부재와 비도덕적 행위에 대한 작금의 국민의 불만과 불신을 고려할 때 특히 많은 함의를 지닌다.[10]

누가 다스릴 것인가? 누가 정치 주체로서 적임자인가? 이에 대해서 유교는 고금을 통틀어서도 실로 혁명적이라 하겠다. 신분제 사회였음에도 유교는 철저히 정치의 자질을 구비한 자가 정치해야 한다는 유덕자有德者 정치론을 전개했다. 돈이 아니라, 신분이 아니라, 군사력이 아니라 바로 정

1장 해설로 보는 유교정치학

치적 능력을 보유한 자여야 한다. 그것을 맹자는 덕德으로 표현했다. 신분의 존귀, 총명의 현부, 나이의 장유, 과거의 공적 여부, 출신 지역 등은 결코 정치 주체를 결정하는 변수로 작용해서는 안 된다.(『맹자』「진심 상」) 작위의 높고 낮음은 신분 서열에서나 기준이 되어야 하고, 나이의 많고 적음은 사회에서나 기준이 되어야지 세상을 돕고 백성을 기르는 정치 세계에 이것들이 개입해서는 안 된다. 정치에서는 오직 양민과 교민할 수 있는 능력으로서의 덕성이 유일한 기준이 되어야 한다.(「공손추 하」) 민주화되었다는 오늘날조차도 입법의 주체, 곧 국회의원 대부분이 경제적으로 성공한 사람, 군장성 출신, 변호사 출신, 교수 출신이라는 점을 감안해볼 때 맹자의 이러한 요구는 한참 선구적이다.

실제 『맹자』는 신분을 넘어 자질 중심으로 관료를 발탁한 많은 역사적 사례를 제시하고 있다. "순舜은 밭 가는 농부 출신에서 (천자로) 발탁되었고, 부열傅說은 공사판에서 (재상으로) 발탁되었으며, 관이오管夷吾도 선비 출신으로 등용되었고, 손숙오孫叔敖는 바닷가에서 등용되었으며, 백리해百里奚는 저잣거리에서 등용되었다."(『맹자』「고자 하」) 최고의 성군으로 꼽는 순은 농부 출신으로서 최고의 천자직에 올랐고, 훌륭한 건설부 장관 부열은 공사판 출신이며, 명재상 관이오는 선비 출신으로 등용되었고, 손숙오도 바닷가 벽지 출신이며, 백리해는 저잣거리에서 고기를 팔다가 등용되었다는 것이다. 요컨대 유교는 정치인이 되는 조건에는 정치적 능력이 절대적으로 필요한 것이지 다른 여타의 변수가 작용해서는 안 된다는 신념이 확고하다. 후일 세습왕조가 정착되면서 군주의 유덕성을 담수할 수 없게 되자 유교의 경우 유덕자 통치론을 더욱 강화하는 경향을 보인다. 예컨

정치, 함께 살다

대 유덕자로 검증된 유신儒臣들과 사실상의 군신공치君臣共治로 전개되기
도 했던 것이다.

8.
인과 서, 공존의 가치

유교 문명권에서 구현하고자 하는 최고의 가치는 '인仁'이다. 동시에 그것은 실천원리이기도 하다. 인은 상대방에 대해 측은한 마음을 가질 줄 아는 '포용심'이다. 영어로 benevolence(자비), love(사랑), altruism(이타심), kindness(친절), charity(자선), compassion(동정), magnanimity(관대함), perfect virtue(완전한 덕), goodness(선), human-heartedness(인간다운 마음씨), humaneness(인간적임), humanity(인간애), man-to-manness(인간 대 인간의 솔직함) 등으로 무척이나 다양하게 번역될 만큼 인은 그 뜻을 하나로 포착하기 쉽지 않다.[11]

그런데 이 인은 적극적 측면과 소극적 측면이 있다. 원래는 하나이지만 굳이 구분하자면 인과 서로 구분된다. 곧 인 안에서 인과 서로 구분 가능하다는 것이다. 그리고 이 인과 서 개념이 가장 잘 표현된 구절은 다음 인용문이다. "무릇 인이라는 것은 자기가 입신立身하고 싶으면 남도 입신하게 하고, 자기가 영달榮達하고 싶으면 남도 영달하게 하는 것이다己欲立而立

人, 己欲達而達人"(『논어』「옹야」)라는 진술이나 "자기가 원하지 않는 것은 남에게도 하지 않는 것이다己所不欲, 勿施於人"(『논어』「안연」)라는 진술이다. 요컨대 인仁이란 '자기에게 일어나기를 원하는 것은 남에게도 일어나게 하는 것'이고 동시에 '자기가 싫은 것은 남도 싫으므로 해서는 안 되는 것'이라는 '적극적 배려의 실천 준칙'과 '소극적 배려의 실천 준칙' 및 동일률의 원칙이 작동되는 것이다. 인仁은 자기가 갖고 싶은 희소가치는 동시에 남도 가질 수 있도록 해야 한다는 적극적 측면과 내가 싫은 것은 남도 싫다는 것을 인정하는 소극적 측면이 정치적으로 실천되어야 한다는 배려의 원칙이 동등하게 작동되는 가치다. 이는 마치 근대 자유의 가치가 '자신의 의지대로 할 수 있는 것'이지만 그렇기에 다른 사람에게도 이 원리가 동등하게 적용되어 남의 자유를 박탈해서는 안 되는 동일률의 원칙이 작동되었던 것과 같다고 하겠다.

원래 인仁은 유교만의 독점적 개념이나 가치가 아니었다. 질박하고 소박함을 추구했던 은殷나라의 이념적 가치가 인이었다. 이어 등장한 주周나라는 예법禮法의 구현에 성공하면서 찬란한 문화를 일구었다. 하지만 주말周末에 이르러 문화는 사치로 흘러 주초의 정신을 상실하게 되었다. 이러한 상황을 목격하면서 공자는 주의 찬란한 문화, 곧 '예禮'와 은의 소박한 정신, 곧 '인仁'이라는 가치를 손익損益하여 이른바 문질빈빈文質彬彬한 공동체 재건을 추구하게 되었던 것이다. 이것이 인과 예가 공자의 어록인 『논어』에 가장 많이 나타나는 핵심어인 까닭이다. 그리고 주지하다시피 이전까지 은의 정신으로 표상되었던 인은 이후 유교의 독점적 가치가 되었고 최고의 보편적 가치라는 지위를 확보했다.

인仁에는 인이면서 동시에 별도로 서恕 개념도 있다. 즉 "자기가 원하지 않는 일은 남에게도 행하지 말라"는 '소극적 배려의 실천 준칙' 차원의 진술과 동시에 인의 실천 준칙으로서 제시되었다. 서의 위상은 인만큼이나 중요하다. 그것은 '(진실로) 서'의 실천이야말로 공자 자신 필생의 일관된 행위 준칙으로 강조되고 있다는 점에서도 증명된다. 서는 전통적으로 관용寬容을 의미하는 덕목이다.[12]

오늘날 운위되는 '관용' 혹은 '톨레랑스tolerance(혹은 toleration)'라는 단어는 기본적으로 정치사회적 소수자 혹은 부정적 대상에 대한 기존 사회의 인내 내지 수용 능력을 전제로 하는 개념이다. 프랑스어 'tolérance'는 '참다bear' '견디다endure'라는 의미의 라틴어 동사 'tolero'(이 말 또한 비슷한 의미의 희랍어 동사 'tlao'에서 유래했다고 한다)의 현재분사 'tolerans'에서 파생한 명사 'tolerantia'에서 유래했다. 그리고 이러한 어원 속에는 어떠한 이유나 근거에서든 '싫은' 존재들이 옆에 있더라도 '참고' '견디며' 함께 살아갈 수밖에 없는 현실의 상황에 대한 '체념'의 의미가 원초적으로 담겨 있다. 그리고 그러한 현실적 체념이 도덕적 당위로 승화되어 이념의 형태로 나타난 것이 톨레랑스다.[13] 서구 현실에서는 16세기 신·구교 간의 종교적 갈등이 상호 존재에 대해 폭력을 통한 상호 투쟁으로 전개되면서 삶의 불안이나 정치사회적 폐해로 인해 새로운 차원에서의 공존 모색으로 이어졌다. 그러한 모색이 17세기 말에 이르러 종교적 관용의 이념으로 승화, 곧 폭력 사용을 배제하면서 개인이나 집단 사이에 존재하는 차이성의 상호 인정 속의 공존의 태도가 근대적 관용 이념으로 구체화된 데 기원을 두고 있다는 것이다.[14]

❀

정치, 함께 살다

만약 현재 정치사회적으로 통용되거나 사상적 차원에서 운위되는 톨레랑스의 의미가 이렇게 소극적 의미로 정의되는 것이 맞다면 이는 유교의 서恕 개념에서 볼 때는 만족스럽지 못하다고 하겠다. 오늘날의 관용 혹은 톨레랑스가 '단지 싫지만 참아준다'는 의미 혹은 태도라면 다문화 시대, 세계화 시대인 오늘날 매우 다양한 '차이'의 주체들과 공존해야 하는 기술로서의 그것은 대안성이 떨어진다고 하겠다. 대신 유교의 서 개념은 인간의 존재적 본질로부터 도출되었다. 특히 다산 정약용이 그렇다. 그에게 인仁은 본래 인간의 관계적 본성, 나아가 공동체적 본성으로부터 도출되었던 것이고, 따라서 인간의 상호 호혜적 관계성이야말로 숙명적인 것이며, 이러한 숙명적 상호 호혜성을 정의하는 준칙이 '타인의 마음 헤아리기를 내 마음과 같이 헤아리기忖他心如我心'의 서恕였다. 이럴진대 '보기 싫은 타자지만 억지로 참아주는 차원'인 '소극적인 용서容恕'로서의 관용과는 격이 다른 것이다. 대신 인간이라면 마땅히 인류 공동의 행복 증진을 도모해야 하는 의무로서의 '적극적인 추서推恕'의 관용을 제안했다. 어쨌든 이는 공자 단계에서 언명되었던 서 개념의 종합적 성격을 회복하는 것이었다. 마찬가지로 오늘날 운위되는 '관용' 혹은 '톨레랑스'가 본질적으로 '단지 싫지만 참아준다'는 것을 의미한다면 아주 다양한 '차이'의 주체들과 공존해야 하는 다문화 시대 갈등을 치유하는 적절한 관계 윤리로서의 준칙이 될 수 없다.

초기에는 소극적 개념이었던 서구의 관용 혹은 톨레랑스 역시 최근 세계화 및 다문화 시대가 전개되면서 일반적으로 타인의 생각과 행동 방식의 자유 및 타인의 정치적·종교적 의견의 자유를 존중하는 태도를 의미하게 되었고, 이를 위해 극단주의를 극복하고 비타협보다는 양보를, 처벌이나 축출보다는 설득과 포용을, 홀로서기보다 연대를, 힘의 투쟁보다는 대화의 장으로 인도하는 것을 정치사회적으로 요구하는 규범을 의미하게 되었다.[15] 따라서 인간의 상호 호혜적 공존을 추구한다는 궁극적인 목표 아래 타인을 진정으로 자신의 처지에서 이해하는 적극적인 서恕 윤리가 필요하다는 다산의 주장이야말로 다문화 시대에 가장 필요한 관용 개념의 대안일 것이다.

그렇다면 이제 이 인과 서가 정치에서 구체적으로 어떻게 해석되는지를 살펴보자. 군주의 정명과 인·서의 구현 대상이 백성이고, 백성이 원하는 바를 추구하고 싫어하는 바를 하지 않는 것이 각각 군주의 인과 서다.

인仁은 "남을 사랑하는 것"(『맹자』 「이루 하」)이기도 하고 "인은 사람人 그 자체"(『맹자』 「양혜왕 하」)로 표현하기도 한다. 여기서 남은 피치자 일반을 말한다. 다시 말해서 유교정치에서 인의 덕성을 가지라 함은 치자들에게 자신과 피치자를 동격으로 이해하는 정치를 행하라는 요구다.

"만물萬物이 내 안에 구비되어 있다. 따라서 나를 반성하여 진실되면 이보다 더 큰 즐거움은 없다. 이 즐거움을 서恕하는 데 힘쓴다면 거의 인仁을 추구하는 것이다."(『맹자』 「진심 상」) 정치인이 정치를 행함에 있어 잘/잘못을 성찰하는 방법은 사실 어렵지 않다. 자신의 양심에 물어보면 분명한 답이 나온다. 사심없이 진실로 국민이 싫어하지 않는 정치를 했는지, 더 나아가 국민이 원하는 정치를 했는지의 결론이 나온다면 이는 인/서의 정치를 행한 것이다.

사덕四德과 정치

맹자의 경우 유교의 인은 최고 가치이기도 하고 실천원리이기도 하지만 동시에 본성이기도 하다. 본성으로서의 인은 수기를 통해 현실에서 체득하게 되면 덕德이 된다. 다시 말해서 본성을 회복한 자는 덕을 보유한 자, 곧 유덕자가 된다. 그리고 이때 덕은 사덕四德으로 구분 가능하다.

유덕자의 덕성을 네 가지로 표현할 때 맹자는 인仁·의義·예禮·지智 4덕四德으로 나누었다. 이것은 측은지심惻隱之心, 수오지심羞惡之心, 공경지심恭敬之心(혹은 사양지심辭讓之心), 시비지심是非之心이라는 사단을 가지고 있다고 본다. 측은지심은 남을 불쌍하게 여기는 마음이다. 수오지심은 불인함을 부끄러워하고 싫어하는 마음이다. 공경지심 혹은 사양지심은 남을 공경하고 자신을 겸손하게 여기는 마음이다. 시비지심은 옳고 그름을 판단하는 마음이다. 그리고 이것이 올바르게 발현된 것이 인의예지 4덕으로 완성된다. 인간이라면 누구나 이 네 가지 덕성을 본성적으로 구비하고 있다. 다만 실천적 수양의 측면에서 정도의 차이가 있을 뿐이다. 실천적 수양 측면에서 인의예지를 가장 잘 발현한 사람이 유덕자이고, 이 사람이야말로 군자이며, 정치가가 되어야 하는 사람이다.(『맹자』「고자 상」)

유교는 필연적으로 관계적 존재일 수밖에 없는 인간에게 있어서 남을 소외시키지 않고 배려하여 공존하려는 노력 자체가 곧 자신을 배려하는 것임을 분명하게 인식하고 있었다. 그래서 맹자의 경우 남을 배려하지 않고 인을 떠나는 행위를 일상적인 삶을 포기하는 자포자기自暴自棄와 동일시했다.(『맹자』「이루 상」) 그런데 이러한 인이 정치가에 의해 정치세계에서 실천될 때는 백성을 자식처럼 사랑하는 마음으로, 그리고 신하가 지닌 장점을 자신의 장점으로 수용할 줄 아는 마음으로 나타난다. 전자는 '백성의 부모됨'으로 실천되는 마음이고, 후자는 '현자의 등용'으로 실천되는 마음이다. 이것이 현실에서 실천될 때 양민은 자연스럽게 해결되기 마련이다. 그것이 인정仁政이다. 인과 서의 덕성을 보유한 정치인이 정치를 하는 결과인 것이다.

9

지어지선, 겸선, 그리고 정명

수기안인修己安人, 지어지선의 경지

유교에서 정치가의 최고 과제는 수기修己와 안인安人, 곧 안민安民이다. 다시 말해서 정치가 자신의 수양과 동시에 그 결과로서 피치자의 안녕을 제대로 도모하는 것이다. 이것이 정치가의 정명이고, 인·서의 실천이다.

자로子路가 군자의 처신에 대해 묻자 선생님(공자)께서 말씀하셨다. "경 敬으로 수기修己해야지." "이것이 다입니까?" "수기하여 안인安人해야지." "그러면 다입니까?" "수기하여 안백성安百姓해야지. 수기하여 안백성하 는 것은 요堯와 순舜 같은 성왕聖王께서도 걱정하셨다."(『논어』「헌문」)

공자는 군자, 곧 정치인이라면 인간으로서, 나아가 정치인으로서 그 직 분에 맞는 자신의 수양과 역량을 닦는 자기성찰과정의 수기修己와 실제 정치인으로서 직분을 실천하는 치인治人, 곧 안인安人과 안백성安百姓을 최고의 소임으로 간주했다. 공자는 이 수기와 치인, 곧 자기성찰과 그 정치적 실천을 요, 순과 같은 성왕聖王 혹은 성인聖人들의 궁극적인 고민이라고 함으로써 정치인의 최고 목표로 설정했던 것이다. 공자의 '수기안인修己安人' 논리는 1000여 년 후 주자학朱子學에서 군자의 '수기치인修己治人' 테제로 정언명령이 되었다.[16]

그런데 사실 정치가의 정체성, 곧 정명의 실체는 치인이 좌우한다. 율곡 이이(1536~1584)의 역설力說처럼 정치가의 '수기'란 것이 정치 임무와 별도로 존재하는 것이 아니고 '무실務實', 곧 정치적 실천에 힘쓰고, 무실을 제대로 행했는지에 대한 끊임없는 자기성찰이 바로 수기이기 때문이다.

겸선兼善, 적임자의 임용과 절대 신임

유교는 최고 통치자인 군주의 덕목을 '타인의 능력'을 '공유하는 것'이라고 했다. 요컨대 겸선兼善의 정치능력을 꼽았다. 여기서 '선善'이란 착한 것일 수도 있고, 잘하는 것일 수도 있다. 대부분은 양자 다 겸한다. '정치를 잘하는 자'는 대부분 '선한 자'이고, '정치를 잘 못하는 자'이면서도 '선하지 못한' 경우 '불선한 일'을 하기 마련이다. 정치적 능력을 보유한 자들이 발탁되지 못하고 능력을 발휘하지 못한 채 재야에 버려져 홀로만 누리는 '독선獨善'을 행하는 경우는 정치적으로 불우한 정권, 심지어 부당한 정권이기 쉽다. 해당 분야 전문가를 제쳐두고 자신의 코드나 노선, 친소관계를 중심으로 인사人事를 하는 경향이 농후하기 때문이다.

물론 정치가라면 유덕성뿐만 아니라 자신의 정치적 역할에 대한 강력한 사명의식이 빠질 수 없다. "우禹는 천하 사람들이 홍수에 빠진 것을 자신 때문에 빠진 것처럼 생각했다. 직稷은 천하 사람들이 굶주리는 것을 자신 때문에 굶주리는 것으로 생각했다"(『맹자』「이루 하」)라고 하여 정치 주체의 강한 자임自任 정신도 요구했다. "무엇이 내가 이 군주로 하여금 요순과 같은 군주가 되도록 하는 것보다 나을 것이며, 이 백성으로 하여금 요순의 백성이 되도록 하는 것과 같겠으며, 어찌 내 당대에 친히 그것을 보는 것과 같겠는가? ……나는 하늘이 내신 백성 가운데 선각자다. 내가 장차 요순의 도로써 이들을 깨우치리니 내가 아니면 누가 하리오?"(『맹자』「만장 상」)라는 이윤伊尹의 자임론이 대표적이다. 현직에 있을 때 각종 비리를 저질러도 부끄러운 줄 모르고, 국민적 외면에도 부동의 자리를 지키는 것을 소신으로 아는 오늘날의 행태와 달리 조금의 하자라도 있으면 물러날 줄 알고, 자리에 나아가면 기필코 요순 같은 군주, 요순 치하의 백성을 만들겠다는 책임을 가지고 정치에 임해야 한다는 것이다.

맹자의 지적 후예들답게 조선의 지식인들은 정치공동체의 공기公器적 성격을 강하게 인식, 출처의 명분을 확고히 한 편이었다. 남명南冥 조식曹植(1501~1572)의 경우 초기에는 정권이나 군주의 부당성을 들어 출사하지 않았고, 후기에는 아예 처사處士의 길 혹은 자수自守의 길을 선택했다. 율곡 이이는 군주에게 왕도정치를 펼치는 데 적극적으로 임해달라는 강한 메시지를 제출하는 것으로 겸선兼善 활동을 시작해 49세에 임종을 맞을 때까지 평생 지속했다. 양자는 각기 다른 길을 걸었지만 그 원칙과 정신은 같았다. 겸선과 독선의 원칙을 지킨 것이다.

관직에 나아가거나 수락할 때, 자신의 능력에 넘치는 자리를 받아서도 안 되지만 능력을 발휘하지 못하는 자리를 받아서도 아니 된다. 후자의 경우 자칫 부당한 정권에 허명만 입혀주는 허수아비 역할이기 때문이다. 그러나 오늘날 고위 관직자 임용과정에서 보이는 청문회 모습은 가히 실망스럽다. 엄연히 범법 내지는 비양심적 행위를 행한 후보자들의 경우 국민적 비판여론이 쏟아져도, 임명하는 자에게서도 임명받는 자에게서도, '모욕은 짧고 권력은 길다'라는 식의 철면피한 모습이 반복되기 때문이다.

최근도 예외가 아니다. 겸선의 정치란 대통령이 해당 직무 최고의 적임자를 임용한 다음 그들로 하여금 관련 업무 처리에 대한 보고를 받고 필요한 경우 제반 도움을 주는 것을 말한다. 그런데 최근 언론이나 청문회를 통해 밝혀진 바에 의하면, 박근혜 정부의 경우 각 부서 장관이 대통령에게 대면보고도 못 하는 비정상적인 상황임에도 자리를 그대로 유지하고 있었다. 유교정치관의 시각에서 보면 대통령뿐만 아니라 장관들, 비서실 고위직, 여당 지도층 모두가 유죄다. 대통령의 잘못을 몰랐어도 직무태만이고, 알고 묵인했어도 직무유기이기 때문이다. 또 대통령이라는 직위는 경청의 정치가 필수적으로 요구된다. 관계 장관, 부처 책임자들로부터의 업무 보고를 경청하는 겸선의 정치가 대통령 업무의 전부라고 해도 과언이 아닐 만큼, 최고 국정 책임자의 경청 자세는 매우 중요하다. 그래서 경청의 정치를 중시했던 유교 전통에서는 정치를 '청정聽政(듣는 정치)'이라고도 표현했었다.

정치, 함께 살다

정명, 정치질서 확립의 기초

공자가 정치를 하게 되면 먼저 '정명부터 하겠다'고 선언한 이래 정명은 유교정치의 이상을 구현하는 매우 중요한 정치적 초석으로 인식되어왔다. 사실 이는 유교사회만이 아니라 어느 사회에든 적용되는 보편적 정치 과제다.

'정명'이란 '모든 질서를 구성하는 만사만물의 기본 개념名을 본래의 개념답게 바로잡는다正'는 것을 의미한다. 요컨대 자연, 인간은 물론 군주, 신료, 대부, 백성 등 만사만물은 모두 제 가치에 맞는 이름이 있다. 자연, 사물 등은 이름값대로 존재하는 것이기에 문제가 되는 것은 인간이고, 인간들이 구성하는 질서, 곧 정치사회의 이름값만은 이름값대로 못하고 질서가 뒤죽박죽된 사례가 적지 않다. 이는 곧 무질서가 된다. 무질서는 비평화다. 따라서 공자는 정치의 주체인 정치인이라면 그에 걸맞은 덕을 보유하고 그에 맞는 일을 행사하여 이름값을 할 때 말과 명에 권위가 서면서 세상의 질서가 잡힌다고 보았다. 그래서 정명, 곧 만인이 각자의 직위에 맞는 역할을 하는 것이, 즉 이름값을 제대로 하는 것이 가장 중요한 것이다.[17]

"군주는 군주다워야 하고, 신하는 신하다워야 하며, 아비는 아비다워야 하고 자식은 자식다워야 합니다."(『논어』「안연」) 공자가 제나라에 갔을 때 경공과 나눈 문답이다. 당시 경공은 공자의 말에 감탄했지만 이대로 실천하지는 못하여 훗날 결국 후사後嗣를 정하지 못한 상태에서 대부 진항陳恒이 군주를 죽이고 나라를 빼앗는 사태가 전개되었다. 공자의 정명론은 구체적으로는 제나라의 이런 사태를 경계한 것이고, 원론적으로는 모든 무질서, 곧 국가사회의 무질서의 근원을 경계한 것이었다.

군주가 군주답지 못하면 신하가 군주의 권력을 행사하려 날뛰게 된다. 신하가 군주 구실을 하겠다고 날뛰면 명령이나 입법의 본질을 잃고 사적 이익들이 횡행하게 된다. 아비가 아비답지 못하면 자식들이 소년소녀가장이 되든지 집안 꼴이 뒤집힌다. 말 그대로 무질서가 초래된다. 그리하여 아무리 능력이 있어도 "해당 직위에 있지 않으면 해당 업무를 도모하지 않는다."(『논어』 「태백」) 질서를 무너뜨리는 행위이기 때문이다. 바로 이 점 때문에 인류의 위대한 지적 스승 소크라테스도 억울하지만 도망가지 않고 훗날 아테네 시민들의 성숙을 기약하며 독배를 받았던 것이다. 마찬가지로 한 성질 하는 자로子路 같은 제자가 바로 정치에 뛰어들기를 재촉함에도 불구하고 공자가 강력한 정치권력을 행사해보지 못하고 '소왕素王'으로 평생을 마치는 것을 감내했던 이유도 동일하다. 무질서보다 더 야만스러운 것은 없기 때문이다. 궁극적으로 그것은 정당성이 확보되지 않기 때문이다.

정치, 함께 살다

10.
혁명적 방벌: 폭정에 대한 저항권

유교는 국가나 정치 행위는 민을 위해서 존재한다고 인식한다. 민심은 천심이다. 민심을 외면하는 정치가는 이미 정치가가 아니다. 정치가가 아닌 사람에 대해서는 정치적 책임을 물어야 한다. 맹자는 이를 위해 방벌론放伐論을 전개했다. 즉 탕湯과 무武의 예를 들어 어떻게 신하가 자기 군주를 시해할 수 있느냐는 제선왕의 질문에 맹자는 "인仁을 해치는 자를 도적이라 하고 의義를 해치는 자를 잔악한 이라 하며, 잔악하고 도적 같은 이는 일개 필부일 뿐입니다. 일개 필부를 죽였다는 말은 들었어도 군주를 시해했다는 말은 들은 적이 없습니다"(『맹자』「양혜왕 하」)라고 했다.

앞에서 인용한 적 있는 남명 조식 역시 백성의 혁명권을 적극 인정했다. 군주와 백성의 관계를 배와 물의 관계에 비유하면서 군주나 국가의 존재는 물 때문에 가능한 것으로 군주가 폭정을 행하면 백성이 들고일어나 배를 뒤집듯이 정권을 뒤집게 된다고 했다.

1장 해설로 보는 유교정치학

배는 물 때문에 가기도 하지만 물 때문에 뒤집히기도 한다네

백성이 물과 같다는 소리 예부터 있어왔다네

(……) 오직 백성의 손에 달렸으니 (……)

백성을 위험하다 말하지 말라 백성은 위험하지 않다네.(『남명집南冥集』

「육월지교六月之交」)

다산 정약용도 은나라 혁명 군주 탕에 대해 논하면서 본격적으로 혁명
론의 정당성을 전개했다. "탕湯이 걸桀을 내친 일이 옳은가? 신하로서 임금
을 내친 일이 과연 옳은가?"(『여유당전서與猶堂全書』 「탕론湯論」)[18] 소위 역사
시대 최초로 무력에 의한 역성혁명을 단행한 군주로 알려진 탕의 정당성
여부를 질문하는 것으로 화두를 시작한 다산은 첫째, 소위 전설의 시대라
고 알려진 황제를 역사화시킴으로써 정권 교체의 역사를 정당화했다. 둘
째, 추대론의 논리에 의해서 논리적 정당화를 시도했다. 다산에 의하면 혁
명의 예는 옛날부터 이미 있었던 방법이고 탕이 처음 시작한 것은 아니다.
신농씨神農氏 시대 쇠퇴기에 제후諸侯들이 서로 싸우고 죽였다. 그래서 헌
원軒轅(황제)은 군사 무기의 사용법을 익혀서 방자한 자들을 물리치니 제
후들이 모두 귀부했다. 이에 황제黃帝는 염제炎帝와 더불어 판천阪泉의 들에
서 세 번 싸워 이김으로써 마침내 신농씨를 대신했던 것이다. 이 역시 신
하로서 임금을 친 것이고 황제가 되었으니 만약 신하가 임금을 내친 사실
을 죄로 삼자면 황제가 수악首惡인데 굳이 탕의 죄를 물을 것이 없다는 것
이다.[19] 이렇게 역사 속에서 예를 든 다음에는 논리적으로도 방어한다. 요
컨대 천자라는 최고 통치자의 존재는 군중의 추대에 의한 것이고, 그런 만

정치, 함께 살다

큼 군중이 추대하지 않으면 될 수 없다고 보았다. 그러므로 (일단 추대되어 장長이 되었더라도 그의 행적을) 5가家가 불협하면 5가가 회의하여 인장隣長을 바꿔 뽑고, 5린隣이 불협하면 25가가 회의하여 이장里長을 바꿔 뽑는다. 구후九侯 팔백八伯이 불협하면 구후 팔백이 회의하여 천자天子를 바꿔 뽑는다. 구후 팔백이 바꿔 뽑는 것은 5가가 인장을 바꿔 뽑는 것이나 25가가 이장을 바꿔 뽑는 것과 마찬가지이니 누가 이것을 신하가 임금을 정벌한 것이라고 할 수 있느냐는 것이다.(『여유당전서』「탕론」)20 다산은 또 이런 하이상下而上의 추대방식을 증명하기 위해 경전적 정당화도 시도했다. 『상서尚書』에 나온 '후대侯戴'와 '제명帝命' 등의 용어와 논리를 추적했던 것이다.21 이렇게 논리적 정당화를 시도한 다산은 민의에 의한 정치권력 교체의 정당성을 팔일무八佾舞를 추는 대원들에 빗대어 설명한다.

64명으로 조직된 한 무용대가 춤을 출 때 자기 대열 중에서 재능 있는 1인을 선발하여 우보羽葆를 잡고 맨 앞에 서서 춤을 지휘하게 된다. 그런데 만일 그가 절차에 맞추어 잘 지휘하면 춤을 추는 무리들이 그를 존경하여 '우리 무사舞師'라고 부를 것이고, 만일 우보를 잡은 자가 절차에 맞추어 잘 지휘하지 못하면 춤을 추는 무리들이 그를 대열로 다시 끌어내리고 다시 재능 있는 자를 선발하여 올리고 '우리 무사'라고 부를 것이다. "붙잡아 내리는 것도 무리요 붙잡아서 높이는 것도 무리인데, 전임자를 대신하여 높여진 사람에게 죄를 묻는다면 그것이 무슨 이치인가?"22

1장 해설로 보는 유교정치학

정치 권력자 역시 정치를 잘못하면 교체되는 존재임을 일반적인 조직을 들어 정당화시키고자 했던 것이다. 물론 정치 변동은 대대적인 민의 피를 수반할 수 있다는 점에서 극단적인 상황이 아니면 전개되지 않는다. 다만 혁명의 정의에서 보듯이 공동체 다수가 정권에 대한 지지를 거둔 상황이라면 묵종보다는 새로운 국가를 건설하는 것이 백번 옳다는 것이 유교 정치 이론의 시각이다. 국가와 정치는 어디까지나 민본, 위민, 보민의 과제를 안고 있다는 유교의 엄중한 경고다.

11.
사대교린, 외교의 전범

외교는 내치와 더불어 국정을 구성하는 핵심적인 두 영역이다. 침략 전쟁을 제어하고 평화를 확보하기 위한 방법으로서 외교적 노력이 자위를 목적으로 하는 국방 강화 노력과 더불어 매우 중요하다. 유교의 대표적 외교 형태는 약소국과 강대국이 서로 존중하는 사대사소事大事小 외교 원칙의 실천과 그것의 의례라 할 수 있는 일종의 '순수巡守'와 '술직述職'으로 표현된다.

국가 간의 관계에 있어서 전쟁을 방지하고 평화를 유지하기 위한 노력으로는 국방력 강화뿐만 아니라 외교적 노력을 통한 전쟁 방지책을 마련하는 것이 매우 중요하다. 먼저, 외교적 노력으로 맹자가 제안한 것은 사대사소의 외교 원칙이다. 맹자에 의하면 그것은 천리, 곧 자연적인 이치에 따라 외교적 노력을 행하는 것이다.

제선왕: 외교에 도가 있습니까?

맹자: 있습니다. 오직 인자仁者만이 대국으로서 소국을 섬길 수 있습니다. 이런 까닭으로 탕湯이 갈葛을 섬겼고, 문왕文王이 곤이昆夷를 섬겼던 것입니다. 오직 지자智者만이 소국으로서 대국을 섬길 수 있습니다. 그러므로 태왕大王[23]이 훈육獯鬻을 섬겼고 구천句踐이 오吳를 섬긴 것입니다. 대국을 가지고 소국을 섬기는 자는 천리를 즐기는 자요, 소국을 가지고 대국을 섬기는 자는 천리를 두려워하는 자입니다. 천리를 즐기는 자는 천하를 보전하고 천리를 두려워하는 자는 자기 나라를 보전합니다.

맹자의 사대사소론은 대국은 대국이라고 하여 거만하게 굴어 주변국과 불화할 것이 아니라 주변의 소국과 원만한 관계를 맺는 사소事小적 외교를 행하고, 소국은 소국인 만큼 알아서 대국을 대국으로서 예우하는 사대事大적 외교를 행함으로써 상호 화친을 도모하는 것이다. 맹자에 의하면 사대는 힘의 강약 차이라는 현실을 인정하는 현명함에서 나오고(자연적 이치를 두려워할 줄 아는 지혜로운 자), 사소는 자국의 강함에도 불구하고 주변국들과의 조화로운 공존을 도모하는 인자함에서 나오는 것이다(강자와 약자가 공존하는 자연적 이치를 즐길 줄 아는 너그러운 자). 맹자의 이 사대사소의 외교 원칙은 『춘추좌전』에서 '사대자소事大字小'로 개념화되었고,[24] 훗날 유교권 사회에서 대국과 소국 외교의 전범으로 기능했다.[25] 다만 현실 적용과정에서 대국과의 외교관계에는 '사대'라는 용어가 그대로 적용되었으나 동급 혹은 소국과의 관계에 있어서는 '사소' 혹은 '자소'라는 용어보다는 '교린交隣'이라는 용어가 더 많이 사용되었다. 요컨대 동아시아권의 전통적인 국제 질서상에 보이는 '사대교린事大交隣'이 그것이다.

정치, 함께 살다

둘째, 상기한 사대사소의 원칙은 현실 외교 의례로서 순수巡狩와 술직述職으로 전개되었다. 맹자에 의하면 사소의 한 표현이 순수이고, 사대의 한 표현이 술직이다. 천자가 제후국을 방문 순찰하는 것을 '순수巡狩'라 하니, 경내를 순행한다는 뜻이다. 순수를 통해 천자는 지역 제후들이 정치를 잘하고 있는지, 부족한 점은 없는지 현지 시찰을 하는 것이다. 제후가 천자국에 조회 가는 것을 '술직述職'이라 하니, 자기가 맡은 직무를 보고한다는 뜻이다. 술직을 통해 제후는 천자를 만나 정치 보고도 하고 도움을 청하기도 한다. 이렇게 볼 때 순수든 술직이든 공무가 아닌 것이 없다. 그런데 맹자 당대 현실은 그렇지 못하여 군대를 이끌고 양식을 축내니 백성의 삶이 말이 아니어서 서로 비방하면서 마침내 자기들끼리 원망한다. 그럼에도 군사들은 왕명을 거역하고서 백성을 학대하고 음식을 마치 물처럼 마구 써버림으로써 유련황망流連荒亡하여 제후들의 걱정거리가 되었다.(『맹자』「양혜왕 하」) 오늘날도 대통령이나 국회의원 등 정치인들의 바람직하지 못한 외유外遊가 문제될 때가 종종 있다. 외교나 순방으로 평가되어야 할 정치인의 외유가 낭비나 탕진으로 평가되는 것은 형식이 아닌 내용의 문제다.

12.
안보와 방어 전쟁,
침략 전쟁과 해방 전쟁

       국가의 제1임무, 곧 존재 이유는 국민의 생명과 재산 등 제 가치의 보호다. 이를 위해 국가는 민생은 물론 국방을 돌보아야 할 임무를 진다. 공자 역시 제자 자공子貢이 정치에 대해 물었을 때 "경제를 풍족하게 하고, 국방을 튼튼히 하며, 국민으로부터 신뢰를 획득해야 한다"는 '족식足食, 족병足兵, 국민의 신뢰民信'(『논어』「안연」)를 제시했다.

  가장 좋은 전쟁 방지책은 뭐니뭐니해도 평화를 위한 평시의 외교적 노력과 더불어 국방력을 강화하는 것이다. 대국 제齊와 초楚 사이에 끼어 있는 등滕나라 군주 문공이 제를 섬겨야 할지 초를 섬겨야 할지 맹자에게 묻자 맹자는 기본적으로 자신은 전쟁에 관해 관심이 없다고 전제한 다음 '그래도 굳이 말해야 한다면 못을 깊이 파고 성을 높이 쌓아 백성과 더불어 지키고, 백성이 목숨을 바쳐 떠나가지 않는다면 해볼 만한 것'이라고 하여 자수론自守論을 전개했다.(『맹자』「양혜왕 하」)

  국제사회에서 근본적인 합의체제란 존재하지 않는다는 것이 일국의 정

❀
정치, 함께 살다

치체제와 근본적으로 다른 점이다. 제1차 세계대전을 겪고 다시는 전쟁을 되풀이하지 않고자 1920년 국제연맹League of Nations, LN을 만들었지만, 국익 앞에서 그것은 무용지물이 되어버리고 결국 제2차 세계대전을 겪을 수밖에 없었다. 그 후 다시 인류 지성이 전쟁을 억지하자는 노력의 일환으로 1945년 국제연합UN을 만들었지만 20세기 후반 내내 냉전체제 아래 이런저런 명목으로 국지전의 형태로나마 전쟁이 끊임없이 계속되었던 것이 사실이다. 따라서 특정 국가가 전쟁에 휘말리지 않기 위해 요구되는 최우선적인 노력은 바로 자국의 안보력을 강화하는 것이다. 요컨대 전쟁을 하기 위해서가 아니라 전쟁을 방지하기 위한 대비로서의 국방력 강화는 국가의 안전한 유지를 위해 필수적이다.

유교 출범의 시대적 배경은 전쟁과 분리될 수 없다. 공자는 정의가 아닌 무력에 의해 왕조가 교체되는 것이 유행하려던 초기, 곧 춘추시대에 유교 정치사상을 세상에 내놓았다. 맹자는 전쟁으로 점철된 세상일 때 주유천하를 시작했다. 사실 맹자 사상은 전쟁으로 점철된 현실을 종식시키고 영구적 평화를 구축하기 위한 고민이기도 하다. 전쟁은 기본적으로 통치자들의 무한한 팽창 욕구에서 기인하는 것으로, 통치자들의 존재 이유인 백성을 오히려 죽음으로 내모는 행위다. 현실에 존재하는 전쟁은 대부분 패권을 추구하는 침략 전쟁이다. 반대로 이들의 공격을 받은 피해 국가는 타국의 침략을 저지하기 위한 방어 전쟁을 하는가 하면, 이를 구원하기 위해 주변국들이 해방 전쟁에 나서기도 한다.

전쟁은 본질적으로 합법적 질서가 무너지고 군사적 폭력이 집단적으로 행사되는 상태다. 그러므로 전쟁은 본질적으로 악이다. 그렇다고 해서 모든 현실에서 모든 전쟁이 종식될 수 있다거나 당장 현실에 존재하는 모든 전쟁이 동질적인 것은 아니다. 그럴 수도 없다. 현실에 악이 존재하는 한 악을 억지하거나 제거하기 위한 전쟁도 필요악으로 존재하기 때문이다. 이는 곧 침략 전쟁과 해방 전쟁으로 분류할 수 있다. 유교는 다음 조건에 부합하는 경우만 해방 전쟁이고 나머지는 어떤 명분을 갖다 붙여도 침략 전쟁에 지나지 않는다고 말한다.

먼저 유교는 기본적으로 침략 전쟁과 해방 전쟁의 차이를 해당국 인민의 지지 여부에서 찾고 있다. 그것은 제선왕이 연燕을 공격하여 50여 일 만에 쉽게 이긴 것을 근거로 분명 하늘이 명하신 것이라며 맹자에게 그 공격의 정당성에 대해 묻자 맹자가 해방 전쟁의 정당성은 군사력에 있는 것이 아니라 해당국 인민들의 지지와 태도에 달린 것임을 역설한 데서 잘 드러난다. "연을 취함에 그 백성이 기뻐하면 취하소서. 옛사람 가운데 이를 행하신 분이 있으니 무왕武王이 바로 그분입니다. 연을 취함에 그 백성이 기뻐하지 않으면 취하지 마소서. 옛사람 가운데 이를 행하신 분이 있으니 문왕文王이 바로 그분입니다. 만승의 나라를 가지고 만승의 나라를 정벌하는데 바구니에 밥을 담고 병에 간장을 담아서 왕의 군대를 환영한 것이 어찌 다른 이유가 있어서겠습니까? 물불의 재앙을 피하기 위해서입니다. 그런데 만일 (왕의 공격으로) 물이 더 깊어지고 불이 더 뜨거워진다면 (연의 백성은) 다시 다른 곳으로 전향할 것입니다."(『맹자』「양혜왕 하」) 요컨대 해방 전쟁이 되기 위한 조건의 하나는 전쟁의 대상 국가가 폭정을 자행하여 해당국 인민들이 반기를 들고나올 때, 주변 국가들이 인권을 고려하여 일종의 반정부군을 지원할 때, 그리고 이 지원군을 해당 국민이 반길 때라

정치, 함께 살다

는 것이다.

해방 전쟁이 되기 위해서 필수적인 또 하나의 요소가 있다. 그것은 점령 군대의 역할에 달려 있다. 곧 승전국이 해당국 인민들의 해방을 위한 일정 목적이 성취된 뒤에는 철수해야 한다는 사실이다. 사실 위의 첫 번째 요소만으로는 해방 전쟁의 명분이란 침략자들에게 쉽게 악용될 수 있다. 흔히 '역사는 승자의 것'이라는 말이 회자되듯이, '인민의 의사'란 얼마든지 전쟁의 승자가 조작하거나 왜곡할 수 있는 것이기 때문이다. 맹자는 원조 전쟁 후 원조 군대의 철수와 해당국의 자치가 이행되어야 명실상부 '해방 전쟁'이 될 수 있다고 했다. 예컨대 연나라 백성이 자국의 통치자들로부터 학대를 당해왔기에 외국군이 들어왔을 때 해방군이라 여겨 제나라 군대를 환영했는데, 제나라 군대가 연나라에 주둔하고는 그 부형父兄을 죽이고 자제들을 구속하며 종묘宗廟를 부수고 소중한 보물들을 약탈해간다면 연 백성이 동의할 것인가? 만약 진정 해방군이 되고 싶다면 폭군만 치고 연의 민중들과 도모하여 새로운 군주를 세운 다음 그 나라에서 손을 떼야지 연이든 국제사회에서든 해방군으로서 인정된다고 했다.(『맹자』「양혜왕하」)[26]

13.
유교민주주의, 배타적 소유공동체에서 배려적 공존공동체로

　　　　　　　지금까지 유교confucianism와 군주정monarchy, 자유주의liberalism와 민주정democracy은 각각 상호 친화력이 있는 것처럼 간주되어온 경향이 강했다. 하지만 그것은 유교가 2000년이 넘는 장구한 시간 동안 군주정과 함께 정치사상 및 이념의 역할을 제공해왔고, 짧은 그리스의 경험을 제외하고는 근대 자유주의가 근대 민주정의 짧은 역사를 함께해왔던 역사적 배경 탓이 강하다. 결국 현실 역사에서 유교와 군주정이, 근대 자유주의와 민주정이 공존하는 경험을 했다고 해서 그들 간에 필연적인 논리적 친화력이나 배타성이 있는 것은 아니다.

　유교는 특정 정치체제를 옹호하지 않는다. 유교가 군주정을 옹호하고 민주정을 배타하는 것은 아니다. 유교는 지금까지 설명한 정치질서를 강조했을 뿐 그 통치 주체가 군주(군주정) 혹은 귀족(귀족정) 아니면 민중(민주정)이어야 한다고 규정한 적은 결코 없다. 유교사상가들은 자신들의 출현과 주 활약 시기가 군주정의 시대였기에 통치자들인 군주나 그를 보좌하는 관료 측의 자격 조건을 논했을 따름이다. 이는 특정 정체政體가 도덕적이고, 민생과 인간다운 교육을 챙기고, 상호 배려하는 인/서의 정치만 행한다면 유교는 그 통치체제가 어떤 형태이건 인정한다는 것을 의미한다.

역사적으로도 주周 왕조의 교체까지는 원치 않았던 공자는 '왕자王者가 유덕자有德者'일 것을 요구했다. 하지만 신왕조 개창을 희구했던 맹자는 '유덕자가 왕자'일 것을 요구했다. 한편 형식적으로는 군주정임에도 불구하고 사실상 사대부 지배체제를 주장했던 주자(주희朱熹, 1130~1200)는 '(군주는 물론) 사대부의 유덕자'를 요구했다. 따라서 민주주의 시대의 유교라면 '시민 혹은 만민의 유덕자화'에 대한 요구가 현대 유교의 임무이자 사명임에 틀림없다. 실제로 한국 근대 초기 박은식은 유교의 민주주의 시대를 선언하면서 만민의 군자화를 요구했다.[27]

이와 같이 유교는 어떤 정체를 고집하지는 않는다. 유교는 그 정체가 어떠하든 간에 앞에서 살펴본 인정仁政을 요구할 뿐이다. 그것은 유덕자에 의한 정치가 이뤄지고, 덕치德治와 예치禮治라는 자발적 규제 방식을 위주로 하고 법치法治와 형치刑治라는 강제적 규제 방식을 보조로 하는 이른바 '덕주법보'의 정치 방식을 원한다. 수기안인 혹은 수기치인의 정치를 요구하며, 철저히 민을 위한, 민에 근본한 정치를 원한다.

민주주의는 이러한 유교의 요구에 더 잘 부응할 수 있다. 민주주의는 '지배하는 자가 지배받는다'는 원리, 곧 주권이 국민에게 있고 국민을 위하여 정치를 행하는 제도이며 사상이기도 하다. 이 점에서 이념으로서의 유교와 민주주의는 상호 보완될 때 쌍방 모두 각자의 이념을 보다 잘 추구할 수 있다. 사실상 현대 민주주의의 인간관은 '모든 개인이 자유롭고 평등한 존재'이면서 '개인이 자기 이익의 진정한 판단자'라는 자유주의적 인간관 위에 성립한 것이다. 그런데 만약 현실의 인간이 이 두 전제를 충족시키지 못함에도 불구하고 '민치民治(by the people)', 곧 민주정의 원리를 채택한다면, 그때는 소위 민주주의의 나머지 두 원리인 '위민爲民(for the people)'과 '민본民本(of the people)'이 큰 손상을 입게 된다. 실제 근현대사의 전개는 민주정이 전제했던 개인의 준비나 능력이 확보되기 전에 급격하게 시행되는 바람에 자신에게 주어진 자유를 두려워하거나 공포스러워하여 복종 속에서 안정을 누리려는 행태를 보였던 것도 사실이다. 그 역사적 사례로 파시즘의 출현, 계급 독재, 금권정치, 선동정치 등을 들 수 있다.

반면 유교는 '위민'과 '민본'의 구현을 최상의 목표로 삼는다. 이때 유교는 진정한 자질을 구비한 자, 곧 유덕자만 확보한다면 위민과 민본은 구현될 수 있다고 전제한다. 문제는 유교의 전제처럼 위민의 주체인 유덕자가 실제 확보된다고 하더라도 그가 유덕자인지를 검증하는 방법 및 그 판단의 적실성 확인 여부가 제도적으로 강구되지 않았다는 점이다. 그리하여 부덕·무덕의 통치자가 현실에서 유덕자의 위치를 대신할 경우에도 이를 제어하거나 통제할 어떠한 제도적 장치가 구비되어 있지 않다. 실제로 현실의 통치자가 도덕적·인륜적일 수 있도록 강제하는 최소한의 제도적 표준 장치, 곧 '법제화'를 모색하지 않았다는 점 때문에, 유교는 부도덕한 현실 통치자를 만났을 경우 반정反正까지 가기 전에는 일방적인 애원과 호소에 의존하는 선에 머물렀던 것도 사실이다. 결과적으로 과거의 유교는 자신이 목적으로 삼는 도덕정치 혹은 위민과 민본의 원리 구현에 실패한 경험이 적지 않았다.

✿
정치, 함께 살다

결론적으로 유교와 민주주의는 각각 이러한 위약성을 지니고 있다. 따라서 양자는 서로의 장점을 수용하여 민주주의는 지선至善의 최대치를 포기하지 말아야 하고 유교는 최악最惡의 가능성을 경계해야 한다. 바로 이 점에서 양자의 융합이 필수적으로 요청되는 것이다.

　유교군자론의 요체는 훌륭한 정치가의 자질 구비와 민생, 그리고 인간화 구현에 있다. 민주주의 역시 중우정으로 전락하지 않기 위해서는 모든 구성원을 훌륭한 인간, 곧 훌륭한 지배자이자 훌륭한 준법자로 양성하는 것이 필수적이다. 이를 위해서 물질적 가치를 초월한, 물질을 지배하는 주체의 존재가 요청된다.[28] 유교의 군자론은 이때 그 가치가 빛난다. 유교의 군자론은 모름지기 모든 정치가는 군자적 덕성을 함유해야 한다는 말이고, 장차 정치에 뜻을 둔 사람이라면 모름지기 군자적 품성을 지녀야 한다는 말이며, 정치세계를 벗어날 수 없는 모든 유권자도 모름지기 군자의 인격을 가지고 직간접적으로 정치에 참여해야 한다는 말이다. 여기에는 잘못된 정치에 대한 비판, 그릇된 정치가에 대한 저항, 사적 이해관계가 공적 도덕에 앞서는 것에 대한 강렬한 항의, 자신이 이상으로 생각하는 정치사회에 대한 적극적 건의가 포함되어 있다. 적어도 민주주의 정치라면 모든 시민이 위민성爲民性, 자임성自任性, 반기성反己性, 시중성時中性을 보유할 것이 요구된다. 아울러 이런 수기 능력을 갖춘 시민들에 의해 공존의 가치인 인·서의 구현을 정치적으로 추구하려는 노력이 경주될 때 유교민주주의사회Confucious democracy라고 할 수 있을 것이다. 유교민주주의는 일종의 배타적 소유공동체의 한계를 보여준 자유민주주의Liberal democracy의 대안으로서 배려적 공존공동체로서의 구상을 제시할 것이다. 사실 '자유민주

1장 해설로 보는 유교정치학

주의'의 '자유'는 맥퍼슨C. B. Macpherson이 적절하게 지적했듯이, '재산 소유의 자유' 수호가 핵심이어서 자본주의 시스템과 함께 사회 양극화와 그에 따른 사회적 약자들에 대한 배타화에 복무해온 경향이 강하다.[29] 이에 반해 유교의 최고 가치인 인/의는 사회적 약자에 대한 배려(인/서)와 불의에 맞서는 정의를 강조함으로써, 정체로서의 민주주의와 결합할 때 국가가 구현해야 하는 배려적 공존공동체로서의 이상을 더 잘 구현할 것이다.

2장에서는 지금까지 이해한 유교정치론을 유교의 대표 고전인 사서四書, 곧 『논어』『맹자』『대학』『중용』을 중심으로 직접 확인하고 음미해보고자 한다.

정치, 함께 살다

治

사서四書와 함께 읽는 정치학

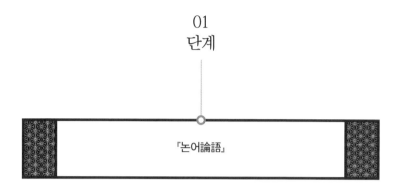

01
단계

『논어論語』

【논어 1】 원문 1

배우고 수시로 익히니 또한 기쁘지 아니한가?

벗이 멀리서 찾아오니 또한 즐겁지 아니한가?

남이 알아주지 않아도 노하지 아니하니 또한 군자가 아니겠

는가?

「학이」

주지하듯이 공자의 어록이 담긴 『논어』의 첫 시작 부분이다. 유교적 세
계관이 집약되어 있는 이 대목은 공자의 행복관과 아울러 정치적으로 불
우한 자의 처신이 어떠해야 하는지를 밝히고 있다. 워낙 유명한 이 문장에
무슨 정치 관련 이야기가 나온다는 것인지 반문할 수도 있겠다. 하지만 여

095
2장 사서와 함께 읽는 정치학

기에는 중요한 정치적 메타포가 내재되어 있다.

세상을 살아가는 방식은 많고도 많겠지만 공자가 선택한 행복한 삶은 세 가지 방식이었던 듯하다. '기쁘고' '즐겁고' '군자적인' 삶이 그것이다. 동시에 세 차례나 반복되는 '또한'이라는 공자의 강조를 통해 우리는 소위 기존의 '기쁜 삶' '즐거운 삶' '군자다운 삶'이 별도로 존재한다는 사실을 눈치챌 수도 있다. 여기에 공자는 추가로 자신만의 새로운 '기쁘고' '즐겁고' '군자적'인 삶을 제시하고 있다.

먼저 "배우고 수시로 익히니 또한 기쁘지 아니한가?"라는 문장을 통해 공자는 다른 기쁨 말고도 배우고 익히는 학습과정의 내면적 희열에 대해 말하고 있다. 사실 인간의 삶은 평생이 학습과정이기도 하다. 70세가 된 할머니가 처음에는 가정 형편 때문에 대학을 못 갔던 게 한이 맺혀서 시작한 대학 입시였는데 어느새 공부하는 즐거움 자체에 빠졌다는 유의 이야기를 종종 듣고 감동을 받곤 한다. 이 할머니는 출세하고자 학습하는 것이 아닐 것이다. 배움 그 자체가 스스로에 대해 충만한 기쁨의 감정을 갖도록 했을 것이다. 인간은 본성적으로 학습하는 동물이다. 요컨대 인간의 학습능력과 이를 기쁨으로 누릴 줄 아는 능력이야말로 인간으로 하여금 모든 존재와 진리를 사랑하는 인간다운 인간으로 만들고 인류 문명을 이끌어왔던 원동력을 제공했다. 공자는 스스로의 이러한 학습능력에 대해 내면적 기쁨을 느꼈던 것이다.

둘째, "뜻을 함께하는 벗이 멀리서 찾아오니 또한 즐겁지 아니한가?"는 상기한 자기성찰과 자기계발의 내면적 노력의 결과를 또 다른 자신인 타자로부터 인정받는 상황을 기꺼이 즐기고 누리는 상황을 말한다. 여기서

정치, 함께 살다

'벗'이란 자신을 알아주고 뜻을 함께하는 동지를 의미하고 '즐거움'이란 내면적 기쁨의 외면적 향유다. 개인적인 자기계발과 자기성찰의 노력이 완전히 자신의 것으로 체득된 상태에서 사회적 인정과 그 대가도 정당하게 향유되는 상황을 말한다. 각자의 능력이 최선으로 발휘되고 그 사회적 몫을 정당하게 인정받는 것이니 이것이야말로 충분히 즐길 만한 상황인 것이다. 행복의 경지는 "(도를) 아는 것은 좋아하는 것만 못하며, 좋아하는 것은 즐기는 것만 못하다"[1]라는 말처럼 즐김의 경지가 가장 높다고 하겠다.

셋째, "남이 알아주지 않아도 노하지 아니하니, 또한 군자가 아니겠는가?"라고 했으니, 정치와 관련된 부분이다. 이 문장은 정치적·사회적으로 정당한 대우가 돌아오지 않더라도 진리를 포기하지 않고 자기완성의 길을 살아가는 삶이 참행복이라고 역설하는 대목이다. 당시까지는 통상적으로 '군자'는 '정치인'을 말하고, '알아준다'는 것은 군주가 알아보고 '등용한다'는 말이었다. 따라서 '알아주지 않아도'라는 말은 정치능력이 좋은데도 불구하고 당시 사회나 인사권을 가진 자가 알아보지 못하여 '정치적으로 큰 자리에 등용되지 못하고 있음'을 뜻한다. 대부분 이럴 때 시대를 탓하거나 환경 탓을 하기 쉬운데 공자는 그 대신 쉼 없이 자기 정진의 길을 가는 사람도 군자라고 정의했다. 정치를 통해 치인 혹은 겸선을 하는 상황도 군자의 길이다. 그런데 문제는 이것이 좋은 군주, 좋은 세상을 만나야 하는 운과도 관련 있는 것이고, 따라서 유덕자로서 출사할 수 있는 환경을 만나지 못했을 때는 어떻게 할 것인가? 출사하지 않았다고 출사의 자질을 가진 이가 군자가 아닌가? 심지어 군자답지 못한가? 이러한 모순을 해결하기 위해 공자는 세상 탓을 하지 않고 자기 길을 걸을 수 있는 것 역시 군자라는 정의를 내렸던 것이다. 요컨대 공자는 군자 개념에 대한 일종의 재정의를 시도했다고 볼 수 있다. 다시 말해서 이전에는 군자가 정치가와 동의어였다면 공자는 수기修己가 이뤄진 자, 곧 정치가의 덕성을 갖춘 자 역시 군자라고 정의를 내렸다. 물론 주지하다시피 공자의 이 정의 이후 군자 개념은 후자의 뜻이 더 강해졌다.

배우고 그때그때 익혀서 내면적 희열을 느끼고, 자신과 생각이 같은 친구들과 함께하는 즐거움을 누리며, 설사 환경이 자신을 충분히 뒷받침해주지 못할지라도 스스로의 수양이 충분하여 자족하는 삶을 산다면 이보다 더 행복한 삶이 있을까?

【 논어 2 】 원문 2

정령政令으로 이끌고 형벌刑罰로써 억제한다면 백성은 죄만 면하면 그만일 뿐 양심이 없다.
덕성德性으로 이끌고 예제禮制로써 억제한다면 백성은 양심뿐만 아니라 인격도 갖춘다.

「위정」

아무리 합법적이라 할지라도 정치의 핵심 수단이 물리력인 이상 정치는 합법적이라는 미명 아래 불법적 폭력을 자행할 가능성이 있다. 실제 우리 인류는 역사에서 그와 같은 예를 수도 없이 목도했다. 법, 경찰력, 군대

정치, 함께 살다

등의 공권력은 우리가 필요해서 만들었지만 부당한 정권에 악용된 사례는 무수하다. 공자는 이러한 정치의 폭력 가능성을 경계했다. 곧 정치세계에서 정치권력의 합법적 폭력성이 필요악이기에 공자는 그 위험성을 경계하면서 덕성과 문화에 의한 정치를 강조했고, 이상시하면서 덕치德治와 예치禮治를 앞세우고 법치法治와 형치刑治를 보조로 활용할 것을 주문했던 것이다.

위 인용문에서 말하는 정령은 오늘날의 법령을 말하고 형벌이란 법령을 어겼을 때 따르는 벌금, 징역 등을 말한다. 또 덕성이란 정치하는 덕성, 자질, 능력 등을 말하고, 예제란 예의, 문물 등에 나타나는 자발적·자율적 통제력을 말한다. 이렇게 보면 위의 인용문에서 공자는 강제력에 의한 소위 '법치'나 그 후속 조치인 '형치'는 정치 구성원들로 하여금 법망만 피해가면 그뿐이라는 풍토를 조성하지만, 그리하여 끊임없는 형벌사회의 연속을 결과하지만, 인간다운 능력의 교육과 이를 예의범절이나 문화제도 등 자발적 동의기제에 입각한 덕치와 그 외화된 형태인 예치는 구성원들로 하여금 양심과 자발성에 기초한 정치사회생활을 가능하도록 함으로써 이상적인 공동체생활을 구현할 수 있다고 봤던 것이다.

여기서 한 가지 짚고 넘어갈 것이 있다. 유가의 덕치德治 이론은 법 자체를 부정한 적이 없을 뿐만 아니라 법의 필수성을 당연히 인정하고 있다는 사실이다. 그리고 상위법으로서의 법과 하위법으로서의 형법刑法을 구분하여 인식하고 하위법으로서의 형법의 남발을 경계했다는 사실이다. 곧 법 자체를 반대한 것이 아니라 법의 강제성에 의존하는 정치를 경계한 것이다. 다시 말해서 공자는 자발적 동의에 의한 법치(덕·예)를 강조하고 강제에 의한 법치(정·형)의 남발을 경계했다.

군자가 인仁을 버린다면 어찌 군자라 부를 수 있겠는가?

군자는 밥 먹는 잠깐 사이에도 인仁을 어김이 없어야 하고,

급하고 구차한 때를 당해도 인을 어김이 없어야 하며,

넘어지고 자빠지는 급한 순간에도 인을 어김이 없어야 한다.

「이인」

어느 시점인가부터 우리는 군자 하면 정치가라는 원래 정의에서 이탈하여 '도덕적 주체, 도덕적으로 수양된 사람'을 떠올리게 되었다. 즉 도덕적 인간형의 대명사가 군자가 된 것이다. 군자를 이렇게 도덕적 인간형으로 주조한 최초의 작업자가 바로 공자다.

공자의 군자관은 개인생활, 사회생활, 정치생활 등 모든 면에서 완전하고도 조화로운 인간이다. 군자는 스스로를 끊임없이 성찰하고, 인격을 도야할 뿐만 아니라 타인도 함께 겸선하여 궁극적으로 지고지선至高至善한 정치공동체를 실현하고자 노력하는 적극적인 자유의지의 소유자다. 그는 도덕적 인간이자 정치적 인간이다. 그 핵심에 인仁이라는 가치가 있다. 개인 수양의 측면에서도 정치의 측면에서도 인의 덕성을 보유하고 실천하는 자다. 인의 파자는 '人+二'로 인은 둘 이상의 사람의 공존을 지향하는 가치

다. 즉 동일률의 원칙을 적용하여 타자와의 적극적인 공론을 도모하는 것이다.

이렇게 공자 이전의 의미와 이후의 의미가 더해져서 군자는 대체로 다음과 같은 의미가 되었다. 첫째, 공자 이전부터 가지고 있던 고유 의미로 정치가 일반을 의미했다. 곧 최고 통치자부터 춘추전국시대 하급 통치자를 의미하는 사士 신분까지를 말한다. 둘째, 도덕적 품성을 갖춘 인격자를 의미한다. 공자가 『논어』 서두에서 "남이 알아주지 않아도 노하지 아니하니 또한 군자가 아니겠는가"라는 천명을 통해 새로운 군자 개념, 곧 인격적 존재라는 개념을 창출했던 대목과 연결되는 부분이다. 오늘날은 원래의 개념, 곧 '정치인'이라는 개념보다는 '인격자'를 지칭하는 경우가 대부분이니 격세지감이다. 셋째, 그렇다고 공자 이후라고 해서 군자가 정치와 무관한 것은 아니다. 공자는 정치할 만한 능력을 가진 자의 적극적인 정치 참여, 곧 유덕자의 적극적인 정치활동을 주장했는가 하면 동시에 정당하지 못한 정치에 참여하는 것은 자신의 치부致富 수단일 뿐이라고 격하했다. 어쨌든 공자에게 군자는 정치적 자유를 실천하는 자다. 넷째, 공자의 군자는 끊임없는 자기계발자다. 군자는 모든 사회적 상황에서 유익한 전인적 존재다.

군자가 위의 정의를 충족시키기 위해서는 어떤 순간에도 '인'이라는 가치를 잃어서는 안 된다.

자공子貢이 말했다. "만일 백성에게 널리 베풀고 구제할 수 있다면(박시제중博施濟衆) 어떻습니까? 인자仁者라고 할 만합니까?" 선생님이 말씀하셨다. "어찌 인자라고만 하겠는가? 필시 성인聖人일 것이로다. 요나 순께서도 이를 걱정하셨도다."

「옹야」

유교, 특히 원시 공맹 유교는 민생을 정치의 제일 임무로 꼽았다. 공자나 맹자나 순자 모두 예외가 아니다. 심지어 공자는 군주다운 군주의 주요 조건을 부민富民의 능력을 가진 자라고 한 적도 있다.(『논어』「자로」) 대개 공자를 비롯한 유자들은 도덕성을 강조하고 물질적인 부는 도외시했다고 생각하는데 결코 그렇지 않다. "부도덕한 부라면 당연히 물리치지만 정당한 부라면 말고삐라도 잡는다"(『논어』「자한」)고 한 이가 공자다. 더욱이 정치에 있어서 피치자의 경제적 안정은 무엇보다 중시되었다. 치자의 정치적 도덕성은 피치자의 경제를 생각하는 마음으로 증명된다. 치자의 수기修己란 피치자가 원하는 바를 치자가 원하는 바와 동일시하는 마음이다. 성군聖君의 대명사인 요임금과 순임금도 박시제중, 곧 민중의 물질적 구제를 주요 정치적 과제로 삼으셨다. 어진 군주, 곧 성군은 반드시 국민의 민생을 책임진다. 그뿐만 아니라 국민의 '고르지 못하고 편안하지 못함을 걱정한다'는 말에서 보듯이 양극화를 경계했다.

자기가 서고자 하는 것은 남도 서게 하고,

자기가 이루고 싶은 것은 남도 이루게 한다.

「옹야」

이른바 인仁의 적극적인 정의다. 자기가 원하는 것은 남에게도 일어나게 하는 것이다. 위에서 선다는 말은 영달의 번역어로 정치에 입문하는 것을 말한다. 따라서 공자는 '자신이 정치하고 싶으면 남도 정치할 수 있도록 하라'는 동일률의 원리를 적용하고 있는 것이다. 이는 맹자에 와서도 욕구의 보편적 동일률의 원칙이 적용되면서 여민동락與民同樂의 논리로 확장되었다. 따라서 이를 '적극적 배려의 실천 준칙'이라고도 할 수 있다. 인은 자기가 갖고 싶은 희소가치는 동시에 남도 가질 수 있도록 해야 한다는 것이다. 근대 자유주의의 적극적 자유는 '자신이 하고 싶은 것은 마음대로 할 수 있는 것'이다. 서구 전근대의 경우 아무리 정치적 능력이 뛰어나다 해도 신분상 귀족이 아니면 정치세계에 가담할 수 없었다. 하지만 근대의 자유라고 하는 것은 바로 이 한계를 없애고 능력 중심으로 전환시켰다는 점에서 진보적이었다. 하지만 최근 전 지구적으로 능력의 바로미터가 재산, 돈이 되고 있다는 점은 부정할 수 없으며, 이 점에서 자유주의는 자본주의와 역사를 함께하면서 근대의 초기 정신, 처음의 마음가짐을 잃어버리고 있는 경향이 짙다. 이러한 오늘날의 시점에 상대를 적극적으로 배려하는

유교의 인이라는 가치는, 소유적·개인주의적 자유를 대체할 만하다고 하
겠다.

【논어 6】 원문 6

> 자기가 싫은 것은 남에게도 행하지 말라.
>
> 「안연」

 그뿐만 아니다. 소극적 배려의 원칙도 있다. 공자는 정치사회적 실천 원
리로 '자기가 싫은 것은 (남도 싫어하므로) 남에게 행하지 말라'는 원칙을
동시에 요청하고 있다. '내가 싫은 것은 남도 싫다'는 것을 인정하는 소극
적 배려의 실천 준칙은 마치 근대 자유의 가치가 모든 것을 자신의 의지대
로 할 수 있지만, 다만 다른 사람에게도 이 원리가 적용될 경우 남의 의지
에 반하는 것은 하지 않을 의무가 요청되는 것과 같은 격이다. 이른바 '소
극적 자유의 원리'에 해당한다고 하겠다. 이에 대해 공자는 넓은 의미에서
는 인仁이면서도 동시에 별도로 '서恕'라고도 했다.
 '서恕'를 파자하면 '如+心'이다. 곧 '내 마음이 네 마음'이고 '네 마음이
내 마음'이다. 다시 말해서 '나나 너나 같은 마음'인 것이다. 사람에게는 사
람이 되는 보편적인 마음이 있는데, 이 마음으로 상대를 받아들이는 것이
다. 즉 상대방이 어려운 일을 당했을 때 자신의 처지라고 생각하고 너그럽
게 용서하는 마음일 때를 '서'라고 한 것이다. 내가 잘못을 저질러서 벌을

받을 때 그것이 고의가 아니라 실수인 경우, 곧 의도하지 않았던 과실일 경우 벌을 심하게 받게 되면 대부분 억울한 마음이 들 수 있다. 이때 유교의 서라면 정상참작을 원하는 마음을 이해하는 심정으로 정치든 법이든 처리해야 한다는 것이다. 법가는 이와 다르다. 일벌백계를 통해서 범죄 없는 세상을 꿈꾼다. 하지만 작은 과실에 중죄를 준다면 차라리 크게 한탕 벌이고 벌을 받는 게 낫다고 생각할 수도 있고, 그러면 세상은 점점 더 각박하고 험악해진다. 유교를 신봉하는 이들의 생각이다. 만약 범죄를 입증하지 못했다면 차라리 무죄추정의 원칙을 적용해야 한다. 억울한 누명은 안 되니까. 바로 이 점이 '서'의 마음이다.

공자가 이 '서'를 얼마나 중시하는지는 제자 자공이 "종신토록 실천할 만한 한마디 말씀이 있습니까?"라고 물었을 때 "서恕다. 자기가 원하지 않는 것은 남에게도 행하지 말라"고 한 데서도 잘 나타난다. 또 공자의 각별한 제자 증자曾子에 의하면 공자는 서를 일이관지하면서 지키는 도道로 여겼다.(『논어』「이인」) 이렇게 해서 서는 유교사상사에서 유교의 최고 가치인 인仁과 더불어 명실공히 최고의 격률이라는 위상을 확보하게 되었다.

【 논어 7 】 원문 7

소송을 처리하는 것은 나도 남들과 같겠지,
다만 나는 송사하는 일 자체가 없도록 하고 싶다.

「안연」

정치공동체가 존재한다는 사실은 사실상 법의 존재를 의미한다. 법이란 정치공동체가 합법적 강제력인 정치권력을 행사하는 것 가운데 가장 추상적인 표상이다. 따라서 설령 성문법이 없다 하더라도 정치공동체 혹은 국가가 존재한다는 말은 그 역시 그 사회의 법이다. 다만 폭군이 법을 대신하는 것뿐이다. 이런 사회 역시 원천적으로 법의 기능이 없어진 것은 아니다. 그것은 결국 법이 물리적 강제력이기 때문이다. 그래서 법에 의해서 행해지는 폭력을 공권력이라고 하며, 이는 물리력 없는 정치공동체는 존재할 수 없음을 의미한다. 요컨대 정치에서 공권력은 필요악이다. 하지만 필요악은 최선은 아니다. 어디까지나 차선이다. 따라서 이상적인 사회라면 물리적 공권력이 최소화된 사회일 것이다. 공자가 성취하고자 했던 정치적 이상은 바로 이것이다. 법이 없을 수는 없지만 할 수만 있다면 법 없는 사회를 희구한 것이다.

앞의 인용문은 법의 존재 이유와 관련하여 유교의 두 가지 측면을 보여준다. 현실에서 범죄가 존재하는 한 형치로서의 법치는 공자도 인정하고 처리할 수밖에 없지만 이를 대하는 자세나 정신은 기필코 형치가 없어지는 그날을 추구한다는 것이다. 곧 현실에서 존재하는 법을 시행함에 있어서 최대한 공정하게 하겠지만, 여기서 그치지 않고 궁극적으로는 소송과 소송에 따른 형치가 없는 미래정치를 지향한다는 말이다. 이는 '법의 존재 이유는 법 없는 사회 구현'이라는 현재 통용되는 법의 존재 이유와 상통한다. 이러한 공자의 이상은 다시 한번 피력된다. "선인善人이 나라를 다스린 지 100년이 되면 또한 잔학한 사람들을 몰아내고 사형제도가 없어진다." (『논어』「자로」) 사형제도가 없는 사회라는 말로 상징되는 법 없는 사회, 법이 필요 없는 사회가 궁극적인 이상이라는 것이다. 이는 범죄가 있는데도 법이 없다는 말이 아니다. 범죄를 저지르지 않아 법이 필요 없는 사회를 구현하고자 하는 것이다. 이것이 "진정으로 군주다운 군주가 있다면 반드시 한 세대가 지난 후에는 인仁한 세상이 될 것이다"(『논어』 「자로」)라는 공자의 바람이다.

【 논어 8 】 원문 8

섭공葉公이 공자에게 말했다. "우리 당黨에는 곧음을 실천하는 자直躬가 있소. 아버지가 양을 훔쳤는데 아들이 고발했다오."
공자가 말했다. "우리 당에서 곧다고 하는 것은 이와 다릅니다. 아버지는 자식을 숨겨주고 자식은 아버지를 숨겨주는 가운데 곧음이라는 것이 있습니다."

「안연」

유교의 법 관념에 대해 좀더 알아보자. 유교의 법 관념에서 보이는 정의 관은 자연법적 성격에 기초하고 있다. 요컨대 가족이라는 자연적인 공동체 원리의 인정 위에 국가의 원리가 인위적으로 성립하는 것으로 인식하고 있다.

여기서 섭공은 한비자韓非子식, 곧 법가식 '곧음', 곧 '직直'이라는 '정의正義' 관념을 가지고 있음을 확인할 수 있다. 법가는 비록 부모일지라도 도둑질을 한 것을 알았다면 국가에 고발하는 것이 정의라 했다. 이에 대해 공자는 곧음, 곧 '직直'이라는 가치는 아무리 아버지(자식)가 대역 죄인이라 할지라도 자식(부모)이라면 숨겨주고 싶은 마음이 보편적인 인지상정일 것이고, 따라서 국가의 법이라면 이를 인정하고 법을 만들어야 법이 유지된다고 봤던 것이다. 법보다 앞서는 자연적 감정을 인정하는 위에 법이 형성되어야 보편적 법일 수 있다는 관점이다. 오늘날 자신을 보호하기 위해 묵비권을 행사할 권리가 있는 것처럼 가족의 경우도 범인 은닉죄가 적용되지 않는다. 범죄자의 가족은 그 죄가 무엇이든 당연히 가족을 숨겨주고 싶을 것이고, 따라서 이에 대한 죄를 묻지 않되 대신 국가에게 범인을 잡아 처벌해야 할 의무가 있다는 것이다.

【 논어 9 】 원문 9

> 부富와 귀貴는 사람들이 모두 원하는 바이지만 정당한 방식으로 획득된 것이 아니라면 누리지 않는다.
> 빈貧과 천賤은 사람들이 모두 싫어하는 바이지만 무리한 방법을 써서 벗어나려 해서도 안 된다.
>
> 「안연」

"생사는 명에 달렸고 부귀는 천에 달렸다." 『논어』 「안연」 편에서 공자 제자 중에서도 말 잘하는 것으로 유명한 자하子夏가 한 말이지만, 실제로는 공자한테 들은 말을 전한 것이라 한다. 생사나 부귀는 모두 천명에 달렸다는 말이다. 삶을 포기한 경우를 제외하고는 누구나 죽음을 싫어하고 삶을 좋아한다. 부귀를 싫어하는 사람은 없다. 하지만 생사나 부귀는 인간이 추구한다고 해서 꼭 주어진다는 보장은 없다. 인간은 그것을 갖고자 노력할 뿐이다. 하지만 노력한다고 해서 반드시 획득할 거라는 기약 또한 없다. 이때 정상적인 노력으로 부귀를 추구하는 것은 당연하지만 해도 안 될 때는 운명으로 받아들이고 안빈낙도의 삶을 살아야 한다. 내가 왜, 나는 왜 하는 순간 불법이 되거나 탈법이 되고 이도 저도 아니면 무지막지한 방법으로 부귀를 추구하게 된다. 온갖 불법, 탈법으로 부귀를 추구하던 사람들이 중국에는 법의 심판을 받는 예를 너무나 자주 목도하는 이유는 무리하게 빈천을 벗어나려 한 결과이고, 무리하게 부를 추구한 결과다. 해도 해도 안 되는 것을 억지로 하고자 한다면 그 자체가 범법 행위 내지 무질서를 결과할 수밖에 없다. 그렇기에 천명, 운명 등은 믿지 않지만 안 되는 것은 어찌할 수 없다. 소크라테스가 억울하지만 다른 나라로 망명하지 않고 사형 당한 것도 '남들이 알아주지 않아도 원망하지 않는 것'을 받아들인 결과였다.[2] 오는 운도 못 막지만 가는 운도 못 막는다. 우리네 인간은 스스로 할 수 있는 데까지 정성껏 행하고 나머지는 받아들이는 순천順天의 삶을 살아야 한다.

나라에 도道가 있어도 녹祿만 축내고

나라에 도가 없어도 녹만 축내는 것이 부끄러움이다.

「헌문」

　국정에 참여하는 목적과 무관하게 자신의 보신保身만 도모하는 철밥통식 관료주의를 비판하는 대목이다. 녹祿이란 당시 관료들의 급료에 해당하는 봉록俸祿을 말하는 것으로, 원문의 곡식穀을 번역한 것이다. 무릇 관료란 동참한 정권이 함께 정치를 할 만하면 열심히 자신의 직무를 다하여 해당 분야에서 공을 세워야 한다. 만일 그러하지 못하고 성과 없이 녹만 축낸다면 부끄러워해야 마땅하다. 반대로 자신을 발탁한 정권이 무도無道하다고 판단했으면 애당초 출사하지 말았어야 한다. 만약 출사한 이후에 무도한 정권이라면 열심히 간諫하여 무도한 짓을 하지 못하도록 해야 하되, 이것이 받아들여지지 않으면 물러나야 한다. 정권이 무도한데도 간하여 말리지 못한다면 이 또한 국가 세금만 축내는 것이니 부끄러운 일이다.

　근자에 보도되는 바에 따르면, 박근혜 정부에서 대통령은 국무위원과 청와대 수석들의 대면보고를 거의 받지 않았다. 그럼에도 불구하고 이것이 잘못되었다고 시정 요구를 하는 정치관료는 없었고, '최순실 게이트'가 폭로되기 이전에 스스로 사직하고 나왔다는 이가 있다는 보도도 접하지 못했다. 대통령이 되어서 국무위원들로부터 대면보고를 받지 않는 것도 심히 부끄러운 일이고, 잘못되었으니 시정하라는 요구조차 하지 않았던 국무위원들이나 청와대 수석들도 심히 부끄러운 행위를 했다. 그럼에도 불구하고 2016년 12월, 국회의 국정 조사에 출석한 관련 관료 증인들의 태도로 보건대, 이들은 아직도 자신들의 행위가 세금만 축내는 심히 잘못된 일이었다는 것조차 자각하지 못하고 있었다. 아니 부정하는 듯했다. 심히 개탄스럽다.

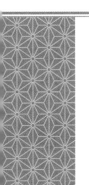

【논어 11】 원문 11

조수鳥獸와 더불어 군거생활을 할 수는 없도다. 내가 사람들과 더불어 살지 않고 누구와 더불어 살겠는가? 또 천하에 도가 있다면 굳이 내가 필요 없을 것이다.

「미자」

예나 지금이나 정치란 세속적 욕심이 많은 이들이나 하는 것이라고 치부하는 사람들이 있다. 워낙 정치권에 탐욕스러운 사람이 많았기에 이를 전면 부정하기는 어렵다. 하지만 1장 해설에서도 보았다시피, 분명한 것은 정치가 인류로 하여금 문명을 누리게 한 가장 인간적인 노력으로서 문명적 행위 그 자체라는 점이다. 정치 혹은 국가생활 없이 인간은 어떠한 행복한 미래도 기약할 수 없다. 공자 당대에도 정치에 관여하는 일은 일련의 사람들에게는 세속적인 일로 비루하게 취급되었다. 양주로 대표되는 선진 도가 계열에서는 정치권력 자체를 아예 천시하면서 외면했고, 선진법가로 불리는 한쪽에서는 법이나 군사력으로 표상되는 강제적 물리력에 지나치게 의존하고 있었다. 하지만 공자는 당대 정치가 더럽다고 세속을 떠나 산

속에서 날짐승, 들짐승과 더불어 고고하게 사는 은자들에 대해 의미 부여
를 할 수 없었다. 공자는 현실이 만족스럽지 못하더라도 인간이라면 인간
답게 사람들과 더불어 살아야 한다고 보았다. 나아가 만약 자신이 사는 세
상이 살 만하지 못하다면 스스로 살 만한 세상을 건설해야 한다는 자세였
다. 요컨대 아리스토텔레스처럼 인간은 정치적 동물이고, 따라서 아무리
현실정치가 실망스럽더라도 정치를 외면해서는 안 되며 이를 개선하려는
적극적인 정치적 노력을 기울여야 한다는 사실을 강조하고 있다.

【 논어 12 】 원문 12

군자는 백성에게 은혜롭되 낭비하지는 않고

백성을 수고롭게 하더라도 원망을 사지는 않으며,

이루고자 하되 탐욕스럽지는 않고

태연하되 교만스럽지는 않으며,

위엄은 있으되 권위적이지는 않아야 한다.

「요왈」

공자가 생각하는 '정치가로서의 군자'의 일면들이다. 먼저 복지의 경우
국민에게 복지를 베풀되 낭비를 해서는 안 된다. 이 지점은 동서고금을 막
론하고 복지 정책의 황금비율로서, 오늘날의 복지 정책의 성공 여부도 이
에 좌우된다. 복지냐 혈세 낭비냐의 판단은 백성에게 이로운 것인지 아닌

지의 여부로 결정된다.

둘째, 국민에게 의무를 지우더라도 국가생활에 반드시 필요한 의무를 지운다면 아무리 힘들어도 원망하는 마음은 들지 않는다. 셋째, 정부가 인정仁政을 성취하고자 하여 행하면 정부만 배불리는 일이 없다. 넷째, 정책 처리에 조급한 바도 없고 무리하는 바도 없이 태연히 시행하지만 교만과는 거리가 멀다. 다섯째, 처신에 권위는 있지만 자상하고 유덕하여 권위적이지는 않다.

국민을 사랑하고, 국민을 아끼고, 국민을 배려하는 마음으로 무엇인가를 성취하고자 한다면 국민은 정부 재정을 낭비한다 생각하지 않고 꼭 필요한 곳에 지출했다고 여길 것이고, 정부가 국민을 동원하는 일이 있더라도 성가시다고 생각하지 않고 정부 사업에 일익을 도모했다고 여길 것이다. 또 정부가 무엇을 성취하겠다는 의지는 필요하지만 공적인 필요성 외에 사적인 탐욕이 끼어서는 절대 안 된다. 또한 정치가라면 모름지기 여유가 있어야 하지만 결코 교만해서는 안 된다. 정치가의 여유 가운데 가장 큰 것은 타인의 장점을 인지하여 등용할 줄 아는 것이다. 교만은 이와 다르다. 교만한 이는 혼자만 잘났다고 생각하여 남의 말을 경청하지 않는다. 위엄과 사나움도 다르다. 또 지도자라면 반드시 권위는 있어야 하나 지나치게 권위적이어서는 곤란하다. 약자에게 갑질하는 순간 권위는 땅바닥에 떨어진다. 갑질은 공포감을 동반할 수는 있으나 권위나 위엄을 만들지는 못한다. 오늘날 갑질 관련 소식이 너무나 흔하게 뉴스를 장식하는 것은 우리 사회의 권위와 위엄이 바닥에 떨어졌다는 반증이다.

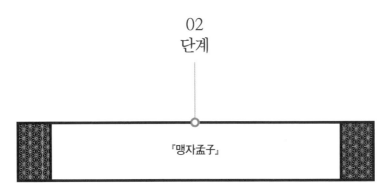

02
단계

『맹자孟子』

【 맹자 1 】 원문 13

양혜왕: 어르신께서 천리를 멀다 않고 오셨으니 장차 우리 나라
에 이利가 있을 것 같습니다!

맹자: 왕께서는 하필이면 이利를 말씀하십니까? 인仁과 의義가
있을 뿐입니다. 왕께서 '어떻게 하면 우리 나라의 이利를 추구할
까?' 하시면 대부大夫들도 '어떻게 하면 우리 가家의 이를 추구할
까?' 할 것이고, 그러면 사士, 서인人들도 덩달아 '어떻게 하면 나
의 이를 추구할까?' 하게 될 것입니다. 이렇게 상하가 서로 이를
다툰다면 국가는 위태로워질 것입니다.

만승지국의 천자국에서 군주를 시해하는 자는 필시 천승지국의
제후요, 천승지국의 군주를 시해하는 자는 필시 백승지가의
대부입니다. 물론 마찬가지로 만승지국이 제후가를 취하고, 천

승지국이 백승지가를 취하는 일도 흔합니다. 이것은 모두 의義를 뒤로하고 이利를 앞세워서 서로 빼앗지 않으면 만족하지 못하기 때문입니다. 하지만 인仁하고서 자기 부모를 저버리는 자는 없고, 의義로우면서 자기 군주를 나중에 생각하는 자는 없습니다. 그러니 왕께서는 인과 의만을 말씀하셔야 합니다. 어찌 이를 말씀하십니까?

「양혜왕 상」

『맹자』를 펼치면 가장 먼저 만나게 되는 맹자의 첫 포문이다. 『논어』야 공자 사후 공자 말씀을 제자들이 생시의 공자 사상과 실천을 고려해 엮은 것이라지만, 『맹자』는 맹자 자신이 생전에 제자들과 함께 직접 저술 작업을 한 것이니만큼 맹자의 견해나 의지가 훨씬 더 적극적으로 피력되어 있음에 틀림없다. 이렇게 볼 때 위의 인용문이 『맹자』의 첫 서두를 장식한다는 점은 의미심장하다.

먼저 이 부분을 『논어』의 시작과 비교해서 읽는 것도 흥미롭다. 우리는 『논어』의 서두를 통해 공자가 기존의 기쁨, 즐거움, 군자다움 말고도 또 다른 '기쁜 삶' '즐거운 삶' '군자적인 삶'을 새로이 개척하고 천명하는 것을 확인한 바 있다. 사실 『맹자』는 맹자 스스로 사숙私淑 스승이라 칭한 공자의 이러한 새로운 삶의 방식이 옳을 뿐만 아니라, 궁극적으로 '좋은 삶' '행복한 삶' 그리고 '인간다운 삶'임을 논증하는 작업이었다 해도 크게 틀린 말은 아니다. 바꿔 말해서 맹자는 공자의 선언과 추구가 '옳은 것正·義'이었음을, 그리고 그 '옳은 것'이 곧 '좋은 것善'이었음을 이론적으로 체계화하고 심화시키는 데 자신의 전 생애를 바쳤다. 그렇다고 공자 사상을 그대로 답습한 것은 물론 아니다. 공자가 상대적으로 개인 혹은 일반적인 차원에서 좋은 삶을 추구하는 일이나 방법 고안에 헌신했다면, 맹자는 공동체로서의 좋은 삶, 곧 좋은 정치의 고안과 추구에 헌신하는 식이었다. 다시 말해서 공자는 인간의 삶 전반에 대한 논의가 많다면 맹자는 정치 차원에 더 집중했다고 볼 수 있다. 이 대목이 바로 우리가 맹자 사상 하면 '왕도정치'를 떠올리는 이유다.

둘째, 맹자는 자신의 출현으로 자국의 물질적 부강이라는 이利를 기대하는 양혜왕에게 그러한 목적 자체가 국가에 해가 되는 '나쁜 정치', 그것도 '매우 나쁜 정치'라고 규정했다. 심지어 군주 자신의 안전도 보장받지 못할 수 있는 나쁜 정치로 일갈하면서 '인·의의 정치'가 '좋은 정치'의 대안임을 제시한다. 얼핏 보면 양혜왕의 말에 잘못된 것이 없다고 느낄 수도 있다. 사실 위의 대화만으로는 맹자가 자신의 주장을 펴기 위해 양혜왕의 질문을 일방적으로 곡해하는 양상이라고 볼 여지도 있다. 양혜왕의 진실이나 의도가 확인되지 않은 상황임을 감안하면 그는 다소 억울할 수도 있다. 액면 그대로만 받아들인다면 맹자가 자기 나라에 출현한 만큼 양혜왕은 소박하게 그에 상응하는 이利를 기대하고 싶다는 의사를 표명했을 뿐인데 맹자가 서둘러 왕이 행한 질문 속 이는 '으레 그렇듯이' 공리功利, 곧 물질적 이익일 것이라고 전제하고 있다고 볼 수도 있다. 국가의 부를 추구하는 것이 뭐가 잘못되었는가? 공자도 부민富民을 강조하지 않았던가? 하지만 맹자의 의도는 다른 데 있다. 인과 의, 곧 사랑과 정의가 기각된 이익 추구는 무자비한 약육강식만 되풀이한다는 것이다. 맹자는 국가라면, 정치공동체라면 맹목적인 부강을 먼저 말할 것이 아니라 사랑과 정의를 먼저 말해야 하고 그리하면 그 안에서 자연히 경제와 시장도 살아난다고 보았다.

왜 그럴까? 맹자에 의하면 방어전을 제외하고는 어떤 전쟁도 "영토領土 때문에 인육人肉을 먹는 정치, 그리하여 죽어도 그 죄를 용서받지 못할 정치"일 뿐이다. 양혜왕은 바로 그 긴 전쟁을 치르고 있는 군주 중 한 명이었다. 그러므로 그의 언급 속에 나오는 '이利'는 부국강병을 지향하는 공리주의적인 것 이상의 의미는 아니었다.[3] 맹자는 끊임없는 전쟁으로 점철된 세상, 그리하여 정치의 존재 목적이어야 할 민생이 부국강병의 수단으로밖에 의미를 지니지 못하는 이런 '몹쓸 세상'이 초래된 본질적 원인에 주목했다. 양혜왕은 숭고한 평화의 목표가 아니라 안전, 부 그리고 힘이라는 국가의 솔직한 목표를 염두에 두고서 "어떻게 하면 우리 나라를 이利하게 할까?" 했던 것이다. 이에 대해 맹자는 즉시 이러한 목표의 결과가 가져올 수 있는 역효과를 지적한다. 이러한 목표를 위하여 국가를 희생시키는 것이 양혜왕에게 있어 정당한 일이라면, 그리고 국가의 목표라고 하는 것이 부와 명예와 같이 거래가 가능한 재물이라면, 대부에서부터 시작해 사士와 서민에 이르는 각 집단 역시 모두 각자의 이익 추구만을 목표로 삼더라도, 그리하여 그 결과가 심각한 사회 갈등의 연속이더라도 이를 제지할 아무런 근거가 없게 된다. 묵자에게 있어서 사익私益과 정의의 차이는 개인적 이익인가 인류 전체의 이익인가에 달려 있다. 그러나 맹자의 경우 행동의 대상이 누구인지 혹은 무엇인지는 중요하지 않다. 행위의 동기가 물질적 이익에 있다면 그것은 그 자체로 인의라는 도덕적 동기와 모순관계에 놓인다. 맹자에 의하면 묵자식의 인식은 도덕성의 기초를 이익 추구에 둔 것으로 사람들로 하여금 보편적 이익을 특수적 이익의 상위에 두도록 유도하는 하나의 환상에 불과할 뿐이다. 선한 사회를 가능하게 하는 것은 오직 결과를 고려하지 않고 '무엇이 올바른가what is right'라는 입장에서 행동하는 인류의 도덕능력이다. 즉 맹자에 의하면 목적 그 자체로서의 인의에 따라 행동하는 인간의 능력을 전제로 하는 경우에 한해서만 좋은 사회적 결과들이 성취될 수 있는 것이다. 긴 안목으로 볼 때 좋은 사회를 만들 수 있는 것은 오직 사랑과 정의를 실천하고자 하는 강한 동기를 가질 때뿐이다.[4]

이어지는 『맹자』의 내용은 국가란 오직 사랑과 정의, 곧 인과 의의 구현을 고민하는 것만이 국가의 부강도, 행복도, 이상도 실현할 수 있는 것임을 논증하는 작업이라고 하겠다. 다시 말해서 맹자는 누구보다 국가의 부강을 중시했지만 그것은 어디까지나 국민의 안전과 민생, 윤리, 행복을 앞세운다는 목적과 실천이 선행될 때 유의미한 것임을, 그리고 국가의 부강은 국민의 부강과 별개의 것이 아니라 국민의 부강이 국가의 부강으로 인식되는 것이 곧 인의의 정치, 곧 인정이자 왕도정치임을 논증하는 과정이다.

【 맹자 2 】 원문 14

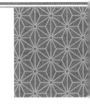

5묘畝의 집에 뽕나무를 심으면 쉰 살 먹은 이가 비단옷을 입을 수 있다. 닭, 돼지, 개 등을 기를 때 새끼를 낳는 시기를 박탈하

지 않으면 일흔 된 노인이 고기를 먹을 수 있다. 100묘의 전답에 농사철을 박탈하지 않으면 여러 가구가 굶주리지 않을 수 있다. (그런 뒤에) 학교 교육庠序之敎을 정성스럽게 하여 효제孝悌의 뜻을 편다면 반백 노인이 길에서 짐을 지지 않는다.

70세가 된 자가 비단옷을 입고 고기를 먹으며 젊은이들黎民이 굶주리지 않고 추위에 떨지 않게 하는 것, 그렇게 하고서도 왕도를 이루지 못하는 이 없다.

「양혜왕 상」

맹자는 국가가 백성으로 하여금 농사철을 빼앗지 않고 제대로 농사짓고 가축을 기를 수 있도록 하면(양민養民), 그런 뒤에 교육을 통해 윤리를 가르친다면(교민敎民) 왕도정치가 이뤄진다고 했다. 양민 후에 교민하면 왕도정치는 이루기 어려운 꿈이 아니라는 것이다. 이 점과 관련하여 유가의 덕치론을 일반적으로 '(통치자의) 모범적인 언행에 의한 감화·교화'로 설명하고 나아가 인치론人治論으로 규정하는 풍토는 재고의 여지가 있다. 왜냐하면 이는 덕치의 내용이 '양민과 교민'이고, 그리고 더욱이 '양민 이후에 교민이 가능하다'는 것을 간과하고 '교민'만 강조하게 되어 의도하지 않게 유가의 덕치가 '공허한 도덕성만 추구'했다는 식으로 비치게 하는 측면도 있기 때문이다. 하지만 맹자는 민생이 보장되는 양민의 토대 위에 교민이 이뤄지는 정치가 왕도정치임을 분명히 하고 있다. 아울러 양민, 오늘날로 말하자면 민생과 복지가 어느 수준일 때 민생이 해결되었다고 하고 복지가 이뤄졌다고 하는지를 명확히 알려주고 있다.

맹자의 이상정치를 왕도정치라고도 하고 인정仁政이라고도 한다. 왕도정치는 패도정치와 그 본질을 달리한다. 왕도정치란 인정이라는 도덕정치를 통해 백성으로부터 자발적 복종을 확보하는 정치다. 정부가 도덕적이면, 백성의 생명 보호를 최우선 목적으로 삼기에 양민과 교화에서 정치의 기본적인 실천 방법을 찾는다. 즉 '인민의 생활 보장養民'에서 시작하여 '인민의 도덕 교육教民'으로 완성을 보고자 한다. 이와 같이 맹자의 왕도정치란 도덕정치의 형해形骸를 의미하는 것이 아니다. 요컨대 말라비틀어진 도덕정치를 말하는 것이 아니다. 민생을 외면하는 정치는 도덕정치일 수가 없다. 맹자는 인간이, 백성이 도덕적이기 위해서는 반드시 민생이 먼저 보장되어야 함을 누누이 강조한다.

맹자는 다른 곳에서 다음과 같이 말하기도 했다. "백성의 산업을 제정할 적에는 반드시 우러러 부모를 섬기는 데 족하게 하고, 아래로는 처자를 기르는 데 족하게 하며, 풍년에는 종신토록 배부르게 만든다. 그리고 아무리 흉년이 들어도 최소한 굶어죽을 지경까지는 이르지 않게 해야 한다. 그런 뒤에야 백성을 착하게 만드는 것이 가능하다."(「양혜왕 상」)

그러면서도 맹자는 최소한의 생계보장뿐만 아니라 복지 차원까지 제공될 때 비로소 양민이 이뤄졌다고 인식했다. 요컨대 최소한 "쉰 살이 되면 비단옷이 아니면 따뜻하지 않고, 70세가 되면 고기가 아니면 배부르지 않기에"(「진심 상」) 예문처럼 '쉰 살 이상은 비단옷을 입고, 일흔 살 이상은 고기를 먹을 수 있는' 수준은 되어야 양민이 이뤄진 것으로 간주한다.

백성은 안정된 생업이 없으면 안정된 마음도 없습니다. 안정된
마음이 없으면 방탕하고 편벽되며 사악하고 사치한 짓을 할 수
밖에 없습니다. 죄를 저지르게 해놓고 벌준다면 이는 백성을 범
죄망에 몰아넣는 것입니다.

「양혜왕 상」

유가의 덕치론의 도덕은 지극히 자연 본능적이고 현실적인 요구의 충족
과 불가분의 관계에 있다. 맹자는 안정적인 직업의 항산恒産이 보장되지 않
는 상태에서 올바른 마음의 항심恒心을 요구하여 범죄를 저지른 자에게 형
벌을 주는 것은 백성을 범죄 그물망에 몰아넣는 행위라고 경고했다. 국가
의 첫 번째 임무는 국민의 생명 보호다. 국가라면 어떤 경우에도 이를 해결
해야 한다. 곧 경제든, 안보든, 의료든 그 어떤 경우든 국민의 생명을 위협하
는 요소에 대해서 국가가 먼저 해결하고 나설 때 구성원들의 신뢰를 얻게
된다.

그렇지 못하고 생계형 범죄가 계속 증가할 정도로 항산이 안 되거나 청
년들이 일자리를 구하지 못하여 연애, 결혼, 출산 등을 포기하는 N포 세대
라는 말이 나올 정도라면 법을 지키고 양심을 지키는 항심을 요구하기 어
렵다. 물론 항심이 항산만을 필요로 하는 것은 아니다. 생명을 위협하는
모든 것이 항심을 방해한다. 예컨대 지속적인 안보 위협이 존재한다든지

평소 안전 준칙이 잘 운영되지 않아 2014년 세월호와 같은 대참사가 일어
난다든지 2015년 메르스 사태와 같이 갑작스러운 전염병이 돌 때, 국가가
제대로 대처하지 못하고 사태를 방관하거나 이를 키우면 국민은 항심의
마음을 갖기 어렵다. 정치를 하면서 사회가 어지러울 수밖에 없도록 만들
어놓고 책임은 국민에게만 물어 범죄 행위만 다스리는 경우를 맹자는 백
성을 투옥시키고자 그물질한다고 한 것이다.

【 맹자 4 】 원문 16

> 백성으로 하여금 농사철을 어기지 않게 하면 곡식을 이루 다 먹
> 을 수 없습니다.
> 촘촘한 그물을 웅덩이와 연못에 넣지 않으면 물고기와 자라를
> 이루 다 먹을 수 없습니다.
> 도끼와 자귀를 가지고 제철에만 산림에 들어가게 하면 재목을
> 이루 다 쓸 수 없습니다.
> 곡식, 물고기, 자라를 다 먹을 수 없고 재목을 다 쓸 수 없어야
> 백성으로 하여금 살아 있는 사람을 봉양하고 죽은 사람을 장사
> 지내는 데 후회가 없도록 할 수 있습니다.
> 살아 있는 사람을 봉양하고 죽은 사람을 장사 지냄에 후회가 없
> 도록 하는 것이 왕도정치의 시작입니다.
>
> 「양혜왕 상」

그렇다면 어떻게 해야 양민, 곧 민생이 실현될까? 위의 구절은 그 구체적인 방법에 대해 논한 것이다. 맹자는 "살아 있는 사람을 봉양하고 죽은 사람을 장사 지내는 데 후회 없도록 하는 수준"은 되어야 '양민'이라 했다. 인간 생활의 시공간은 삶 아니면 죽음이다. 결국 양민이란 모든 시공간에서 후회가 없도록 하는 상태가 충족되는 것이다. 『맹자』에서는 이러한 '양민된 상태'라는 것이 인간의 정치 행위나 사회 행위가 '생사의 자연적 이치'를 위반하지 않으면 충분히 가능하다고 보았다. 다시 말해서 국가나 정치가 인위적인 수탈 구조로의 대민수탈을 자행하지 않으면 된다고 본 것이다. 요컨대 농산물은 농민들로 하여금 농사를 마음 놓고 짓게 해주면, 수산물은 새끼는 잡지 않고 큰 물고기만 잡아서 다음을 대비하면, 난방을 위해 나무하는 것도 겨울철에 죽은 나무만 골라내고 산 나무는 잘 관리하면 다 해결이 된다는 것이다. 맹자가 제시한 이 기준, 특히 치어 조업 금지나 생나무 채취 금지 등은 지금도 법규로 적용되고 있다. 그런데 이러한 맹자의 자연적 생사의 이치 준수 요구는 사실상 패도정치적 지향 경향과는 전혀 상반된다. 이는 특히 첫 번째로 제시한 '농사철을 어기지 않도록 한다'는 구절과 관련된다. 이는 농사짓는 노동력을 전쟁에 동원하지 말라는 메시지이고, 결국 전쟁의 포기 혹은 종식을 요구하는 것이기 때문이다. 즉 『맹자』는 농민을 전쟁터에서 해방시켜 농부 본연의 위치로 복귀시킬 것을 요구하고 있었던 것이다.

왕께서 만일 백성에게 인정을 베푸시어 형벌을 가볍게 하고 세
금을 적게 거둔다면 백성은 깊이 밭 갈고 김매는 한편, 장정들이
여가에 효·제·충·신을 닦아 들어가서는 부형父兄을 섬기고 나가
서는 장상長上을 섬길 것입니다. 그런 다음 이들에게 몽둥이를
만들어 진秦과 초의 견고한 병정들과 예리한 병기를 치게 해도
이들은 막아냅니다.

「양혜왕 상」

국방력과 내치의 관계를 말한 대목이다. 국민을 위한 인정仁政 수준의
내치를 펼친다면 국민은 시키지 않아도 스스로 자기 재산이나 가족들의
생명을 지키기 위하여 국가를 자위하고 나선다는 논리다. 요컨대 형벌을
가볍게 하고 세금을 적게 거둔다면 민은 이것만으로도 충분히 살 만한 나
라라고 생각하여 안심하고 농사짓고 윤리를 닦으면서 가정과 국가에 충성
한다는 것이다. 스스로 살기 좋은 나라라고 느낀다면 하지 말라고 말려도
자기 것을 지켜야 하기에 진나라나 초나라 같은 강국의 군사들이 예리한
무기를 가지고 쳐들어와도 몽둥이 같은 낙후한 무기를 들고서라도 막아낼
것이라고 했다. 국방력의 문제는 표면적인 군사력의 문제가 아니라 평소의
내치 성격이 좌우한다는 말이다.

이제 왕께서 정치를 펴고 인仁을 베푸시어 천하의 관직자에게 모두 왕의 조정에서 벼슬하도록 만들고, 농민에게 모두 왕의 들판에서 경작하도록 만들며, 장사꾼들에게 모두 왕의 시장에 물건을 저장하도록 만들고, 여행객에게 모두 왕의 길로 나다니도록 만든다면 온 천하에 자기 군주를 미워하는 사람들이 모두 왕께 달려와 하소연하려 할 것입니다. 이와 같다면 누가 능히 막을 수 있겠습니까?

「양혜왕 상」

이른바 '인자무적仁者無敵'의 논리다. 유교에서 말하는 인정仁政은 피치자가 치자를 위해 배려한다는 맥락보다는 치자가 피치자를 위해 배려하는 정치를 해야 함을 주장하고자 도출된 것이다. 따라서 인정 혹은 왕도정치란 모든 구성원이 해당 정치공동체에서 살고 싶어하도록 만들어야 한다는 것이 핵심이다. 예컨대 맹자는 해당 능력을 갖춘 정치 지망생들로 하여금 기꺼이 정치하도록 만들고, 농부들로 하여금 농사짓고 싶도록 만들며, 상인들로 하여금 장사하도록 만들고, 여행객으로 하여금 넘쳐나도록 만드는 것이라고 한다. '갈 수만 있다면 차라리 이민 가고 싶다'는 소리가 나오게 하는 정권은 인정 혹은 왕도정치와는 극단적인 대척점에 있는 것이다.

【 맹자 7 】 원문 19

인仁을 해치는 자를 도적이라 하고, 의義를 해치는 자를 잔악한
이라 합니다.
잔악하고 도적 같은 이는 일개 필부일 뿐입니다.
일개 필부 주紂를 죽였다는 말은 들었어도 군주를 시해했다는
말은 듣지 못했습니다.

「양혜왕 하」

혁명의 정당화를 시도하는 대목이다. 혁명 세력이나 혁명 대중은 정치
인에 대한 역사적 심판에 자유로워야 한다는 변론이다. 물건을 훔친 자만
도둑이 아니다. 상호 배려하는 마음을 해치도록 만든 이도 남의 본성을
훔친 것이니 도적이다. 남을 협박한 자만 강도가 아니다. 의로운 마음에 상
처를 낸 이도 강도다.

치자가 되어서 피치자를 갓난아기 보듯이 조심조심 돌보고 길러야 하
는데, 오히려 피치자를 약탈 대상으로 여기거나 노역만 시키는 존재로 생
각한다면, 심지어 그 정도가 지나쳐 치자를 죽이고 싶은 마음까지 들게 한
다면 이는 일개 필부보다 못한 것이다. 탕왕과 무왕의 예를 들어 어떻게 신
하가 자기 군주를 시해할 수 있느냐는 제선왕의 질문에 맹자는 매번 군주
가 군주답지 못할 때 개죽음당하는 것은 필연적인 소치라고 답변했다. 요
컨대 군주라는 자가 인간에게 필수적인 인·의의 가치를 훼손하는 자라면

군주는커녕 일개 필부보다 못한 잔적殘賊일 뿐이다.

　근래 무소불위의 대한민국 대통령의 권력 자행에 대해 걸핏하면 왕조
시대의 제왕적 권력을 행사한다는 식의 표현이 들리곤 한다. 하지만 여기
서 보듯이 유교의 제왕은 간언하는 이의 충언을 경청했고, 심지어 맹자는
군주를 상대로 폭군의 경우 시해되어 마땅한 존재로 정당화하고 있다.

큰집을 지으려면 필시 공사 책임자에게 큰 나무를 구하도록 할
것이고, 책임자가 큰 나무를 구하면 왕께서는 기뻐하면서 '그 임
무를 감당할 수 있겠군' 하고 여기실 것이며, 장인들이 그것을
깎아서 작게 만들면 왕께서 노하여 '그 임무를 감당할 수 없다'고
여기실 것입니다.

사람이 어려서부터 배우는 것은 장성해서 그것을 실천하기 위함
입니다. 그런데 왕께서는 '우선 네가 배운 것을 버리고 나를 따르
라' 하시니 어째서입니까? 지금 여기에 박옥璞玉이 있다면 (왕께
서는) 비록 (그것이) 만일萬鎰의 무게일지라도 반드시 옥공玉工에
게 조탁彫琢하도록 하실 것입니다.

그런데 국가를 다스리는 일만은 '우선 네가 배운 것을 버리고 나
를 따르라' 하시니 어찌 옥공에게 옥을 조탁하도록 맡기는 것과
다르십니까?

「양혜왕 하」

1장에서 살펴본 겸선兼善과 관계되는 부분이다. 곧 적재적소에 적임자를 임명하여 전문가로서의 그의 능력을 최대한 발휘하도록 함으로써, 이른바 겸선의 정치가 가능하도록 해야 한다는 취지다.

　'인사가 만사'라는 말이 있다. 이 말은 인사를 했으면 그 임명된 자에게 해당 직무에 대해서만큼은 전권을 부여한다는 전제가 있을 때 성립된다. 전문가의 말을 전적으로 따른다는 전제 아래 해당 부서에 적임자를 임명하는 일은 절대적으로 중요하다. 따라서 농수산부 장관은 농수산 분야 최고의 전문가여야 한다. 외교통상부 장관은 외교 혹은 통상 분야 최고의 전문가여야 한다. 일인자가 아닌데도 코드가 맞아서, 친분이 있어서, 선거운동을 도와주었다는 등의 이유로 해당 분야 일인자를 제쳐두고 2인자, 3인자 혹은 직무와 전혀 무관한 자를 임명하면 인사가 만사일 수도 없고, 정치도 제대로 돌아가지 않는다. 군주든 대통령이든 최고 정치가에게 주어진 가장 중요한 임무는 적임자를 임용하는 일이다.

　이를 전제로, 적임자를 발탁한 뒤에는 적임자의 권력과 재량을 절대적으로 보장해야 한다. 집을 짓거나 옥을 깎을 때조차도 전문 장인의 손길이 필요하듯이 정치에는 더더욱 전문가가 필요하다. 맹자는 정치 역시 전문가인 유신儒臣들에게 전적으로 재량권을 부여해야 한다고 보았다. 맹자는 마치 플라톤이 즐겨 비유하는 의사와 환자의 관계 및 선원과 기수의 관계와 유사한 논리를 전개하면서, 세습에 의해 왕위에 오른 현실 군주보다는 수기를 통해 출사한 유덕자 관료들의 정치적 전문성을 인정하고 있다. 때문에 현실 군주는 전문가인 유덕자 관료의 조언을 들어야 한다는 주장을 펼치고 있는 것이다.

하지만 현실은 그렇지 못한 경우가 비일비재하다. 전문가를 발탁해놓고도 최고 권력가는 흔히 전문가의 의견을 듣기보다는 자신의 의견을 관철시키는 경우가 흔하다.

오늘날은 특히 임명부터 전문가를 임명하지 않는 경우도 많다. 우리는 종종 납득하기 어려운 고위공직자 임명 소식을 접하게 된다. 전문성이 심히 의심스럽거나 도덕성에 심각한 흠집이 있어 국민 정서에는 용인되기 어려운데도 불구하고 임명권자의 일방적인 의지로 관철되는 예를 심심찮게 목도해왔다.

대부분 사람이 없으니 할 수 없다는 이유를 제시한다. 하지만 사람이 없는 시대는 없다. 문제는 최고 권력자가 해당 분야의 최고 전문가를 찾기보다는 자기 진영사람들을, 곧 자신의 말을 잘 들을 사람을 찾다보니 공론에 반하는 사람이라도 고집하게 되는 것이다. 인사가 만사이듯이 인사를 그르치면 만사를 그르치게 된다.

【맹자 9】 원문 21

영토를 넓히고, 진秦과 초楚에 조회를 받아 중국中國에 임하여 사방의 오랑캐들을 어루만지고자 하기 때문이지요. 하지만 이와 같은 군대를 일으키는 행동으로 천자가 되고자 하는 목적을 추구하신다면 나무에 올라가서 물고기를 찾는 것과 같습니다.

「양혜왕 상」

연목구어緣木求魚라는 성어가 연원하게 된 대목이다. 부국강병으로 천하의 최고 국가가 되겠다는 목표를 설정한다면 그 자체가 나무 위에 올라가 물고기를 잡고자 하는 것만큼 허황되다는 구절이다. 부국강병 논리는 끊임없는 부국강병의 논리를 낳을 뿐 결코 문명국이 될 수는 없다. 오히려 이것은 영토 때문에 전쟁을 하여 죽은 사람이 들에 가득 차고, 성城 때문에 전쟁을 하여 죽은 사람이 성에 가득 차도록 만드는 원인이다. 이른바 영토 때문에 사람 고기를 잡아먹는 정치로서, 죽어도 그 죄를 용서받지 못할 행위에 지나지 않아 연목구어보다 더 못한 것이라고 했다. 진정으로 문명국 천자가 되고자 한다면 인정을 펼쳐서 자발적 복종을 유도해야 한다는 논리 과정에 있는 진술이다.

【 맹자 10 】 원문 22

　천자가 제후국에 가는 것을 '순수巡狩'라 하니, 순수란 지키는 경내를 순행한다는 뜻입니다. 제후가 천자국에 조회가는 것을 '술직述職'이라 하니, 술직이란 자기가 맡은 직무를 보고한다는 뜻이지요. 순수든 술직이든 공무 아닌 것이 없으니 봄에는 나가서 경작 현황을 살펴서 부족한 것을 도와줍니다. (…) 지금은 그렇지 못합니다. 군대를 데리고 다니면서 양식을 축내니 굶주린 자가 먹지 못하고 수고로운 자가 쉬지 못해서 서로 흘겨보고 비방하다가 백성은 마침내 자기들끼리 원망합니다. 그럼에도 군사들은 왕명을 거역하고 백성을 학대하고 음식을 물처럼 마구 써버림으로써

정치, 함께 살다

유련황망流連荒亡하니 제후들의 걱정거리가 되고 있습니다.

「양혜왕 하」

　　맹자는 춘추시대 제나라 경공景公과 재상 안자晏子 사이에 있었던 대화를 빌려 주나라 때의 사대사소라는 외교 원칙을 현실 외교 의례로 실천하는 방법으로 순수巡狩와 술직述職의 본래 정신과 방식을 제시하고 있다. 곧 사소의 한 표현이 순수이고, 사대의 한 표현이 술직임을 말하는 것으로 해석할 수도 있다. 물론 '순수'와 '술직'은 어디까지나 주대周代 봉건질서를 전제로 한 외교 의례다. 따라서 인정仁政에 의한 통일천하를 추구하는 맹자가 '순수'와 '술직'의 외교 의례가 당대에도 그대로 준행되기를 바랐다고 보기는 어렵다. 그러나 맹자는 주대의 예를 통해 대국과 소국의 상호 신뢰에 기반한 순수와 술직이라는 국가 간 공존 정신을 계승하고 싶었던 것이라고도 할 수 있다.

　　사실 '평등한' 국제질서가 구축되었다는 오늘날도 국가 정상들의 각국 순방 행위는 계속되고 있다. 이때 약소국과 강대국의 지위에 따라 내용상으로는 전자가 '술직'을, 후자가 '순수'의 성격을 띤다고 보아도 크게 무리는 없다고 생각된다. 물론 그것이 맹자가 언급했던 수준의 순수와 술직 정신과 어느 정도 부합하는지는 의문스럽다. 또 최고 통지자의 불필요한 잦은 순방은 국고를 탕진하는 '유련황망'으로 그치기 쉽다.

제선왕: 왕도정치에 관해 들을 수 있겠습니까?

맹자: 옛날 문왕文王이 기주岐周를 다스릴 적에 경작인들에게 9분의 1의 세를 거두었고, 관직자들에게는 대대로 녹봉을 주었으며, 관문과 시장은 기찰譏察만 하고 세를 징수하지 않았고, 어업을 금하지 않았으며, 죄인을 처벌할 적에는 처자에게 미치지 않게 했습니다.

늙어서 아내가 없는 것을 '환鰥'이라 하고, 늙어서 남편이 없는 것을 '과寡'라 하고, 늙어서 자식이 없는 것을 '독獨'이라 하고, 어려서 부모가 없는 것을 '고孤'라 하는데, 이 네 부류의 사람들이 천하에서 가장 곤궁한 백성으로 하소연할 곳 없는 자들입니다. 문왕께서는 정사政事를 펴고 인仁을 베푸심에 반드시 이 네 부류의 사람들을 먼저 챙기셨습니다.

「양혜왕 하」

성군의 대명사 문왕의 사례를 통해 왕도정치의 가이드라인을 제시하고 있다. 그의 아들 무武가 주周 천하를 열 수 있었던 것은 아버지 문왕의 높은 치적에 힘입은 바가 크다. 문왕은 무엇보다 덕치로 정치적 업적을 쌓았다. 문왕의 덕치는 세금을 적게 거두고 백성이 충분히 안정되게 생업에 종사하도록 했고, 법률을 알맞게 적용했으며, 필요한 곳에 복지 정책을 시행

한 것이다. 예컨대 농민들에게 부과하는 세금은 9분의 1을 넘지 않았고, 관료에게는 알맞은 급료를 주었으며, 출입과 교환 기능을 하는 관문과 시장에 대해서는 기찰만 할 뿐 별도의 세금을 걷지 않았고, 어업을 보장했으며, 처벌할 적에는 당사자에게만 죄를 물어 연좌제를 적용하지 않았다. 아울러 환과고독鰥寡孤獨, 곧 홀아비, 과부, 독거노인, 고아 등을 가장 먼저 챙기고 돌보는 식이었다. 이런 문왕의 정치 원리는 동서고금에 모두 적용될 수 있는 보편적 성격을 띠고 있다. 그리하여 맹자는 '이렇게 하고도 왕도정치를 못할 자는 없다'라고 하면서 문왕 정치의 보편적 모델화를 도모했던 것이다.

【 맹자 12 】 원문 24

맹자: 홀로 음악을 즐기는 것과 남들과 더불어 음악을 즐기는 것 중 어느 쪽이 더 즐겁습니까?

제선왕: 남과 더불어 즐기는 쪽이 더 즐겁습니다.

맹자: 소수와 음악을 즐기는 것과 다수와 음악을 즐기는 것을 비교하면 어느 쪽이 더 즐겁습니까?

제선왕: 다수와 더불어 즐기는 것이 더 즐겁습니다.

「양혜왕 하」

맹자는 인간이라면 누구나 선의 욕구와 실천 능력을 가지고 있다는 예로 인간의 동락지심同樂之心, 곧 타인과 함께 즐기고자 하는 마음을 강조하고 있다. 맹자는 제선왕으로 하여금 사람은 천성적으로 혼자 즐기기보다는 남들과 '함께 즐길同樂' 때 기쁨이 배가된다는 것을 확인시킨다. 인/의의 실천 가능성을 회의하는 제선왕에게 제선왕 자신이 가진 '타인과 더불어 즐기고자 하는 성향'을 직접 확인시킴으로써 그도 인정이 가능함을 예시한 것이다. 그리고 인간은 이렇게 좋은 일을 혼자보다는 타인과, 또 소수보다는 다수와 더불어 할 때 더 기쁘다는 것을 확인시킨 다음, 이것이 제선왕만의 성향이 아니라 인간의 보편적인 성향임을 확인시키고자 했다. 곧 여민동락與民同樂이야말로 군주가 가장 기뻐해야 할 가치 있는 일임을 강조하고자 했던 것이다.

성, 음악, 사냥 등 즐거움의 문제는 군주나 소수 관료들만이 아니라 인간이라면 누구나 좋아하는 바이고 본능적인 것이다. 그러므로 누구나 이를 누릴 수 있기를 희망한다. 그럼에도 군주 등 일부가 독점하고 백성은 이를 누리지 못하도록 배제한다면 결국은 백성 스스로 군주를 없애고 이를 취하게 될 것이다. 반대로 군주나 관료가 정치를 통해서 이를 백성과 공유하게 되면 백성은 군주의 즐거움을 마음으로 기꺼이 환영한다. "지금 왕께서 이곳에서 음악을 연주하시는데 백성이 왕의 종소리, 북소리, 피리 소리, 젓대 소리를 듣고 모두 환하게 기뻐하는 낯빛으로 서로 '우리 왕께서 다행히 질병이 없으신가보다. 음악을 연주하시는 것을 보니'라고 말하는 것을 생각해보십시오. 지금 이곳에서 왕께서 사냥을 하시는데 백성이 왕의 수레 소리, 말굽 소리를 듣고 깃대와 깃발의 아름다움을 보고는 모두 환하게 기뻐하는 낯빛으로 서로 '우리 왕께서 다행히 질병이 없으신가보다. 사냥

하시는 걸 보니'라고 말하는 것을 생각해보십시오. 이는 바로 백성과 더불어 즐기시기 때문입니다."(「양혜왕 하」) 요컨대 정치인이 국민의 즐거움을 자신의 즐거움으로 삼아 국민과 즐거움을 공유하면 자신의 즐거움도 보장되지만, 끝까지 독점하고자 하면 결국에는 즐거움은 고사하고 자신의 생명조차도 유지하기 어렵다.

【맹자 13】 원문 25

옛날 태왕이 빈邠에 거하실 적에 적인狄人들이 침략함에 그들을 가죽과 폐물로 섬겨도 화를 면하지 못했고, 개와 말로 섬겨도 화를 면치 못했으며, 구슬과 옥으로 섬겨도 화를 면치 못했습니다. 그래서 마침내 기로耆老들을 모아놓고 말씀하셨습니다. "적인들이 원하는 것은 우리의 영토다. 나는 '군자라면 사람을 기르는 토지로 사람을 해치지 않는다'고 들었다. 여러분은 군주가 없다고 무슨 걱정할 것이 있겠는가? 내 장차 이곳을 떠나리라" 하고는 빈을 떠나 양산梁山을 넘어 기산岐山 아래 도읍을 정하고 거주했습니다. 그러자 빈 사람들은 '이분은 어진 사람이다. 놓쳐서는 안 된다'라고 하여 따르는 자들이 시장처럼 북적거렸습니다. 그런데도 다른 이는 '대대로 지켜오는 것이라 나 혼자 할 수 있는 것이 아니다. 목숨 바쳐서 떠나지 말라'고 하기도 하는데, 군주께서는 이 두 가지 가운데 선택하소서.

「양혜왕 하」

국방력 강화나 외교적 노력에 의한 전쟁 방지 혹은 평화 구축 노력은 맹자에게 있어서 차선책이고 소극적인 대책에 지나지 않는다. 맹자는 갈수록 야만스러워지는 전쟁 상태를 종식시키고 평화를 정착시키는 근본 방법으로 바로 왕도정치, 인정仁政을 제시했다. 왕이 존재하는 이유를 구현하는 정치, 왕다운 왕이 존재하는 정치라는 의미의 왕도정치는 민을 의식하고, 민을 위하고, 민을 보호하는 정치다. 따라서 민 역시 자신을 지켜주는 왕에 대해 자발적 복종을 행하는 것이다. 이것이 정치공동체 탄생의 지점이다. 근대 계약론적 발상이라고 해도 좋고 율곡 이이의 정치공동체 탄생론이라고 해도 좋고, 다산 정약용의 정치학 원론이라고 해도 좋고 혁명론湯論의 논의라고 해도 좋다. 이는 원초적인 정치공동체 탄생의 본질이다.

치자가 피치자를 보호하기에 정치질서가 성립한 것이니, 태왕처럼 외적이 쳐들어왔을 때 피치자들의 목숨을 살리기 위하여 자신의 정치권력을 내놓는 치자라면 어느 피치자가 따르지 않겠는가? 여기서 말하는 태왕은 문왕을 말한다. 문왕을 덕치의 표상으로 간주하는 이유의 일면을 엿볼 수 있는 일화이기도 하다. 물론 처음부터 포기하면 애초에 군주 자격이 없다고 하겠다. 태왕은 어떻게 해서든 전쟁을 피하고자 외교적인 노력을 다 기울인 다음에, 그래도 탐욕스러운 적인狄人들이 침략을 멈추지 않자 생민 보호가 치자인 자신의 임무임을 주지시키며 생민을 죽이는 전쟁보다는 자신의 통치권을 포기하려 했던 것이다. 맹자는 위민하는 군주의 존재야말로 진정으로 강한 국가의 첫 번째 요소임을 다소 극단적인 예를 통하여 주장하고 있다. 등문공이 설薛 지역에 축성하는 제齊를 두려워하자 맹자는 통치자에게 진정 중요한 것은 백성의 신뢰라고 했다. 여기서도 가장 중요한 국력은 국가의 영토도 아니고 왕실도 아니며 바로 백성의 생명을 가장 중시하는 통치자에 대한 신뢰였다.

【 맹자 14 】 원문 2 6

천시天時가 지리地利만 못하고, 지리가 인화人和만 못하다.

「공손추 하」

국력, 특히 군사력에서 가장 중요한 것은 인화人和다. 재래식 전쟁에서 중요한 전술 전략은 날씨를 잘 활용하는 것이다. 불을 활용하는 전술을 쓸 때 비가 오면 전술 한 번 펼쳐보지 못하고 지는 것은 자명한 일이다. 그러나 이러한 날씨나 기후보다 더 중요한 것이 지리적 이점을 활용하는 것이다. 전투 장소가 협곡이냐 평야지대냐에 따라 전술이 달라져야 한다. 하지만 무엇보다 중요한 것은 인화다. 내부 분열이 있다면 어떤 방책도 도움이 되지 않는다. 아무리 국경 관리를 엄격하게 해도, 아무리 지형적으로 유리해도, 아무리 강력한 무기를 보유하고 있어도 내부 변절자가 있으면 어떤 전략전도 허사다. 국민을 위한 정치가 없는 곳에 안보란 있을 수 없다. 맹자의 모국인 추鄒나라 목공穆公이 노魯와의 전쟁에서 패하는 치욕을 당했을 때 백성이 구국救國을 위한 전투를 하지 않고 도망친 데 대해 맹자에게 그 뒤처리를 어찌해야 할지 묻자 맹자는 인정을 통한 위민과 보민을 하지 않았던 군주의 자업자득임을 말하고 이제라도 인정仁政을 펼칠 것을 권유한 바 있다. 인화를 위해서는 결국 인정, 곧 군주만의 나라가 아니라 백성의 나라이기도 하다는 점을 인식하는 정치를 해야 한다. 공존의 정치를 펼쳐야 한다는 것이 맹자의 주장이다.

【 맹자 15 】 원문 27

측은지심이 없으면 사람이 아니고, 수오지심이 없으면 사람이 아니며, 사양지심이 없으면 사람이 아니고, 시비지심이 없으면 사람이 아니다. 측은지심은 인의 단서요, 수오지심은 의의 단서요, 사양지심은 예의 단서요, 시비지심은 지의 단서다. 인간이 이 사단을 가지고 있는 것은 사체를 가지고 있는 것과 같다. 사단을 가지고 있으면서도 스스로 인의를 행할 수 없다고 말하는 자는 자신을 해치는 자요, 자기 군주가 인의를 행할 수 없다고 말하는 자는 군주를 해치는 자다.

「공손추 하」

맹자는 인간다운 진정한 인간의 덕을 인仁·의義·예禮·지智 사덕四德으로 나누었다. 즉 인간이라면 동물적 본능 외에도 타인에 대한 사랑, 정의로움, 공경하는 마음, 지혜라고 하는 인간만의 덕을 본성적으로 가지고 있다고 보았다. 이것이 이른바 맹자의 성선론이다. 그런데 성선론과 관련된 흔한 오해에 대하여 분명히 하고 넘어갈 것이 있다. 흔히들 맹자가 성선론을 주장했으니 현실의 인간도 선하다고 간주했으리라 인식한다. 이는 오해다. 맹자는 인간이 본성적으로는 선하지만 열악한 환경이나 본인의 노력 부족 등으로 현실의 인간은 선한 본성을 회복하지 못한 상태, 곧 부덕不德의 상태라 했다. 즉 본성과 달리 덕은 인간이라고 해서 저절로 늘 구비되어 있는 것은 아니다. 본성 속에 가지고 있는데, 수기가 덜 되어 나타나지 않는 경우도 많다. 하지만 그 단서만큼은 누구에게나 있다. 예컨대 남을 측은하게 여기는 측은지심惻隱之心, 죄를 부끄러워하고 싫어하는 수오지심羞惡之心, 겸손하고 양보하는 사양지심辭讓之心, 옳고 그름을 판단하는 시비지심是非之心이라는 사단四端, 곧 네 가지 단서를 가지고 있다.

이것이 바르게 발현되고 몸에 체화되어 스스로 획득되면 이른바 각각 사덕으로 완성된다. 곧 인은 남을 불쌍하게 여길 줄 아는 측은지심의 완성된 덕이다. 의는 정의롭지 못함을 부끄러워하고 싫어하는 수오지심의 완성된 덕이다. 예는 남을 높이고 자신을 낮추는 사양지심의 완성된 덕이다. 지는 궁극적으로 무엇이 옳고 그른지 판단하여 행위할 줄 아는 시비지심의 완성된 덕이다. 인간적 삶도 그렇지만 특히 정치는 이 사단과 사덕이 충분히 갖추어진 자에 의해 행해져야 한다. 실천적 수양 측면에서 인의예지를 가장 잘 구현한 사람이 유덕자다. 이 사람이야말로 완전한 인간이자 군자이며, 정치가가 되어야 하는 사람이다.

【 맹자 16 】 원문 28

후직后稷이 백성에게 농사짓는 법을 가르침으로써 오곡이 무르익어 백성을 기를 수 있게 되면서 사람은 살아갈 방도가 있게 되었다. 하지만 배부르고 따뜻해도 가르치지 아니하니 금수에 가까운 상태가 되었다. 이리하여 성인聖人(순)께서 그것을 걱정하여 설契로 하여금 인륜人倫을 가르치게 하셨다. 부자유친父子有親, 군신유의君臣有義, 부부유별夫婦有別, 장유유서長幼有序, 붕우유신朋友有信이 그것이다.

「등문공 상」

정치의 가장 기초적 의무는 공동체 구성원들의 생명을 보존하는 것이다. 그러나 여기서만 그친다면 인간적 삶이라고 할 수 없다. 종족의 단순 생명 보존 행위는 군집하는 동물들의 세계에서도 종종 발견된다. 인간은 물질생활만으로 충족될 수 없고 도덕적·정신적 만족이 반드시 요구된다. 인간은 생물학적 본성도 지니지만 도덕적 본성도 지니고 있기 때문이다. 일반적으로 생물학적 본성은 인간이 여타 생물들과 공유하는 점이지만 도덕적 본성은 인간에게만 고유한 것으로 간주된다. 맹자의 위대함은 이 점에 주목하여 인간의 고유한 특성, 곧 인간다움을 인간의 도덕성이나 윤리성에서 찾고, 그 결과 왕도정치의 시작을 양민에서 출발하여 완성은 '교민', 즉 인간의 윤리화, 도덕화에서 찾고 있다는 점에 있다. 정치의 궁극적 이상은 여기에서 완성되며, 이것이 인도와 천도가 일치되는 상태에 있다고 본 것이다. 즉 인간의 도덕적 의지와 그것의 정치적 실천을 하늘의 권위와 동격에 두고 있다.

맹자에 의하면 인류의 존재 자체는 가족이라는 일차적 관계망으로부터 시작하여 사회와 국가라는 이차적 관계망을 형성해옴으로써 가능했던 역사다. 인간의 이러한 관계적 존재성을 통찰한 맹자는 누구도 피해갈 수 없는 다섯 가지 관계망으로 인간관계를 압축했다. 인간이라면 일단 부모의 몸을 빌려 태어나기에 부모-자식 관계가 없을 수 없다. 또 그 부모는 혼자 자식을 만드는 것이 아니라 누군가의 지어미와 지아비로 만나 자식을 낳는다. 곧 누군가의 아내 아니면 남편이다. 이런 의미에서 오늘날 미혼 혹은 불혼이 많은 것은 비정상적인 사회임을 의미하고, 인간적이지 못한 사회임을 의미한다.[5] 또 누구나 태어나는 순간 특정 국가에 소속된다. 더하여 모든 개인은 누군가의 친구이고 누군가의 선배 아니면 후배다. 이렇게 모든 개인은 어떤 형태로든 이 다섯 가지 관계망 속에 놓인다. 이에 맹자는 피할 수 없는 관계망인 만큼 상호 배려가 필요하다고 생각해 각 관계에서의 덕목을 추출한 것이다. 이것이 오륜五倫이다. 부모와 자식 사이에는 친함이 있어야 한다.(부자유친) 군주와 신하 및 백성 사이에는 정의가 있어야 한다.(군신유의) 부부 사이에는 상호 다름을 인정해야 한다.(부부유별) 선후배, 상하, 노약자 사이에는 순서가 있어야 한다.(장유유서) 친구들 사이에는 무엇보다도 신뢰가 있어야 한다.(붕우유신)

그런데 여기서 한 가지를 언급하고 넘어가고자 한다. 오륜론은 흔히 한나라 때 형성된 동중서董仲舒의 삼강三綱 윤리와 함께 삼강오륜三綱五倫이라는 이름으로 짝지어 다닌다. 삼강은 군위신강君爲臣綱, 부위자강父爲子綱, 부위부강夫爲婦綱으로 각각 '군주는 신하의 벼리가 된다' '아비는 아들의 벼리가 된다' '남편은 아내의 벼리가 된다'다. 그런데 여기서 보듯이 오륜은

부자관계, 곧 '부자유친'을 앞세웠고, 삼강은 '군위신강'을 첫 번째로 제시
했다. 요컨대 오륜은 가족질서와 같은 자연적 질서를 더 우선시하는 데 반
해 삼강은 인위적 질서인 국가질서를 더 강조한다. 또 오륜은 각각 상대를
배려하는 쌍무 호혜적 윤리 덕목으로 제시되어 있지만 삼강은 군주, 아버
지, 남편이 상대 격인 신하, 자식, 아내의 벼리가 된다는 수직적 권위주의
의 성격을 띠고 있다는 점에서 차이가 있다. 요컨대 오륜은 쌍무 호혜적 성
격이 강한 데 반해 삼강은 수직적·일방적 성격이 강하다고 하겠다. 후자
는 이전 왕조인 진나라의 법가에서 영향을 받은 탓이다. 이후 유교는 외유
내법外儒內法, 곧 겉으로는 유교이지만 속은 법가적 성격을 띠는 경향이 있
었던 것도 사실이다.

【맹자 17】 원문 29

> 천하의 근본은 나라에 있고, 나라의 근본은 집안에 있으며, 집
> 안의 근본은 자신에게 있다.
>
> 「이루 상」

개인, 가족, 국가 각각을 독립적으로 보지 못하고 동심원적 사유에 머
무른다고 비판받아온 사례의 전형적인 유형이다. 하지만 이러한 비판에도
불구하고 원리는 지금도 유효하다. 개인으로서의 인간은 개인적 존재로
그치는 것이 아니라 가족-국가-세계를 구성하는 주체적인 일원으로서

궁극적으로 그의 완성과정은 모든 영역에 직간접으로 참여하면서 각각의 세계를 형성한다. 오늘날 민주화되고 지구화된 사회에서 개인의 중층적 참여의 현장을 목도하면서 이런 논리의 현실적 타당성을 실감하게 된다. 무너진 개인에게서 온전한 가족이나 국가, 세계를 기대하기는 어렵다. 특히 바로 앞 구절 "사람들이 걸핏하면 '천하국가, 천하국가' 하는데"라는 구절에 이어 이와 같은 대응을 한 것을 보면, 맹자에 의하면, 개개인의 실천에 천하국가의 변화도 달렸다는 말이다. 맹자의 이 논법은 얼마 후『대학』에서 '수신-제가-치국-평천하' 논리로 체계화되었다.

【 맹자 18 】 원문 30

우禹는 천하인이 홍수에 빠지면 자신 때문에 빠진 것처럼 생각했다.
직稷은 천하인이 굶주리면 자신 때문에 굶는 것처럼 생각했다.

「이루 하」

정치가의 직무에 대한 강력한 책임감을 요구하는 대목이다. 순임금 시절 우禹는 치수를 담당했고, 직稷은 농업을 담당하는 관료였다. 오늘날 이들은 해당 부처 장관이었다. 물론 여기에 교육을 담당한 설契, 법을 담당한 고요皐陶 등의 순의 명신名臣들이 더 있다. 아무튼 이들은 해당 부처의 장관이 되어 맡은 분야만큼은 잘못되는 일이 있으면 자신의 잘못으로 통감

했다. 특히 우나 직은 각기 홍수나 가뭄으로 인한 자연재해 앞에서도 자신
이 잘못하여 그리된 것으로 자책할 만큼 책임감이 강했다. 이런 책임의식
을 가지고 있었기에 우나 직 모두 해당 분야 직무를 성공적으로 수행했다.
우의 경우 이런 책임감 때문에 공무를 담당하고 있는 동안에는 별 탈 없
는 평화시에 집 앞을 세 번이나 지나가면서 집에 들르지 않고 지나쳤다는
일화가 있다. 맹자는 이를 인용하며 위와 같이 평했던 것이다. 어쨌든 우의
경우 순의 치하에서 이러한 치수 업적이 지대하여 훗날 순으로부터 천자
직을 선양받아 하夏 왕조를 개창하게 되었다.

【 맹자 19 】 원문 31

> 하늘은 우리 백성이 보는 것으로부터 보고
> 하늘은 우리 백성이 듣는 것으로부터 듣는다.

「만장 상」

『서경』에 나오는 대목을 맹자가 인용한 것이다. 『서경』은 맹자가 정치적
해석을 하는 데 매우 풍부한 지적 원천을 제공했다. 맹자에 의하면 정치공
동체와 정치 주체의 정당성 여부는 공동체 구성원의 지지, 곧 백성이나 국
민의 지지에 달렸다. 다시 말해서 왕도정치냐 아니냐는 민심의 향배에 달
려 있다. 맹자는 필부필부가 도시락밥과 간장 항아리를 들고 환영하면 해
방 전쟁이고, 목숨 걸고 저항하거나 피란 가면 침략 전쟁이라고 보았다. 전

정치, 함께 살다

임 정치가가 후임 정치가를 추대하지만 그 궁극적인 추인은 백성이다. 백성이 받아들여야 하늘이 받아들인 것이다. 요임금이 죽자 모든 조정 대신과 제후들이 요의 아들 단주丹朱에게 조회하지 않고 28년간 섭정하던 순에게 조회한 것과 우임금이 죽었을 때 사람들이 섭정하던 익益에게 가지 않고 우의 아들 계啓에게 간 것 모두 결과는 다르지만 과정은 같다. 민심이 누구를 인정했는지를 보여준다.(「만장 상」) "민심民心이 천심天心"이라는 격률의 재천명이기도 하다.

【 맹자 20 】 원문 3 2

무엇이 내가 이 군주로 하여금 요순과 같은 군주가 되도록 하는 것보다 나을 것이며, 이 백성으로 하여금 요순의 백성이 되도록 하는 것과 같겠으며, 어찌 내 당대에 친히 그것을 보는 것과 같겠는가? (…) 나는 하늘이 내신 백성 가운데 선각자다. 내가 장차 요순의 도로써 이들을 깨우치리니 내가 아니면 누가 하리오?

「만장 상」

맹자는 정치가의 유덕성에 더하여 정치적 역할에 대한 강력한 사명의식도 요구했다. 정치 주체의 강한 자임自任 사례를 반복적으로 진술하는 것이 그 예다. 그 자임의식의 기준은 이윤伊尹 정도는 되어야 할 것 같다. 이윤의 자임은 자신이 정치계로의 투신을 통해 적어도 당대 피치자들이 요순

시대 피치자들만큼 행복하도록 만들고, 최고 정치가가 훌륭한 정치가로서 요순만큼의 이름을 날릴 수 있는 최고 정치인으로 만들겠다는 것이었다.

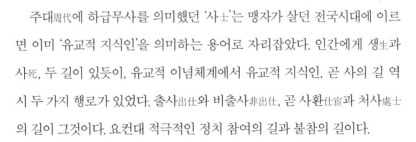

【 맹자 21 】 원문 33

처사로 머물러야 하면 처사에 머물고, 벼슬할 만하면 벼슬한 이가 공자이시다. 백이는 성인 가운데 청淸한 자이고, 이윤은 성인 가운데 자임自任한 자이며, 유하혜는 성인 가운데 화和한 자이고, 공자는 성인 가운데 시중時中이시다. 그래서 공자를 집대성集大成이라 이른다.

「만장 하」

주대周代에 하급무사를 의미했던 '사士'는 맹자가 살던 전국시대에 이르면 이미 '유교적 지식인'을 의미하는 용어로 자리잡았다. 인간에게 생生과 사死, 두 길이 있듯이, 유교적 이념체계에서 유교적 지식인, 곧 사의 길 역시 두 가지 행로가 있었다. 출사出仕와 비출사非出仕, 곧 사환仕宦과 처사處士의 길이 그것이다. 요컨대 적극적인 정치 참여의 길과 불참의 길이다.

인용문에서 보듯이 맹자는 공자가 정치에 참여해야 할 때와 하지 않아야 할 때를 잘 구분했기에 모든 성인의 표본인 '시중時中'이고, '집대성集大成'이라고 평가했다. 이와 같이 이른바 출처出處의 문제는 유자들의 오랜 논쟁의 대상이었다. 그것은 출처론이 정치 참여자의 정당성 문제만이 아니라 나아가 정권의 정당성 문제와 관련되기 때문이다. 그렇기에 출처에 대한 선비의 태도는 해당 주체의 인격과 삶의 양식을 표현하는 대절大節로 인식되어왔던 것이다.

원래 '출사', 곧 적극적인 정치 참여는 유교적 지식인의 존재 이유였다. 유자의 기본적인 임무는 출사를 통해 자신만이 아니라 타인도 새로운 사람으로 만들고, 궁극적으로 선한 정치공동체, 곧 좋은 정치공동체를 구현하는 데 있기 때문이다. 하지만 현실에서 참된 사가 존재한다고 해서 모두 출사하는 것은 아니다. 출사하여 대부大夫가 되지 않고 물러나 그냥 사의 신분에 머물러 있는, 곧 처사處士에 있는 경우도 있다. 그런데 이는 출사해서 국가공동체에 적극 공헌해야 할 사람이 누락된 상황이므로 개인적으로든 국가적으로든 바람직하지 못한 경우다. 이는 정권의 성격이 자신의 정치 노선과 달라 함께할 수 없어서 정치 참여를 하지 않고 여전히 지식인의 위치에 남아 있기에 '처處(사士)'라고 한 것이다. 물론 이때의 '처사'가 '은자隱者'는 아니다. 처사는 글자 그대로 '사' 신분에 거처하는 것으로 '때가 되면' 출사, 곧 정치에 동참하는 자세를 지닌 자라는 점에서, 또 재야에 있으면서도 정치공동체에 대해 관심과 애정을 가진 존재라는 점에서 일체 세상과 등지고 세상으로부터 숨어 사는 '은자'들과는 차이가 있다.

만약 유교적 지식인 가운데 처사적 행로, 곧 관직에 나아가지 않는 불출사를 선택했다면, 그것은 단순히 개인적인 탈정치적 취향 정도로 치부할 수 있는 문제가 아니다. 그 자체가 당대 정권에 대한 의미심장한 정치적 비판 행위인 것이다. '출사'와 '처사'의 행로는 정권의 성격에 따라 달라지는 것이기에 원칙적으로 처사의 정치적 위상과 권위는 사실상 출사와 다르지 않다는 것이다.

위 인용문에서 맹자는 백이, 이윤, 유하혜 및 공자의 정치 참여 여부를 들어 출처의 유형화를 도모했다. 물론 맹자는 공자의 경우를 '시중時中의 성자聖子(성지시자聖之時者)'로 보아 가장 훌륭한 것으로 여겼다. 사실 백이와 같이 지조에 합당하지 않으면 결코 나아가지 않는 맑은 성인이든(성지청자聖之淸者), 이윤과 같이 백성에 대한 책임을 다하려는 임무의 성인(성지임자聖之任者)이든, 유하혜와 같이 누구에게나 도를 행하는 조화의 성인(성지화자聖之和者)이든 간에 출처의 문제는 자신의 이상을 실현하려 하는 유자들에게는 피할 수 없는 것이었다. 또한 유자로서 벼슬길로 나아가느냐 아니면 물러나 있느냐 하는 것은 그가 지닌 역사의식과 시대 상황에 대한 인식 및 자신의 철학에 관련되는 문제였다. 요컨대 출처관出處觀은 출사와 처사의 선택이 사의 시대 인식과 세계관 및 철학을 평가하는 절대적인 항목이 된다.

【맹자 22】 원문 34

만장: '요께서 천하를 순께 주었다'고 하는데 그런 일이 있었습니까?

맹자: 아니다. 천자라도 천하를 남에게 줄 수는 없다.

만장: 그렇다면 순께서 천하를 소유한 것은 누가 준 것입니까?

맹자: 하늘이 주신 것이다…… 옛날 요임금이 순을 하늘에 천거하니 하늘이 받아들였고 백성에게 드러내니 백성이 받아들였

정치, 함께 살다

다. 그러므로 '하늘은 말씀하지 않고 행실과 일로 보여주실 뿐이다'라고 하는 것이다.

만장: '하늘에 천거하니 하늘이 받아들였고 백성에게 드러내니 백성이 받아들였다'는 것은 어떻게 하는 건지 감히 묻겠습니다.

맹자: 순에게 제사를 주관하게 하자 온갖 신이 흠향했으니 이것이 하늘이 받아들인 것이요, 일을 주관하게 하자 일이 잘 다스려져서 백성이 편안했으니 이것이 백성이 받아들인 것이다. 하늘이 받아들이고 백성이 받아들였기 때문에 '천자가 천하를 남에게 줄 수는 없다'고 말하는 것이다. 순이 요임금을 28년 동안 도우셨으니 이는 사람이 할 수 있는 일이 아니고 하늘이 하신 바다. 요임금이 붕어崩御하시거늘 삼년상을 마치고 순이 요의 아들을 피하여 남하의 남쪽으로 가 계셨는데, 천하의 제후들 가운데 조회하는 자들이 요의 아들에게 가지 않고 순에게 가고, 옥사獄事를 소송하는 자들이 요의 아들에게 가지 않고 순에게 가고, 덕을 노래하는 자들이 요의 아들을 노래하지 않고 순을 노래했다. 그러므로 '하늘이 하신 바'라고 말하는 것이다. 그런 뒤에야 수도에 가서 천자의 지위에 오르셨다. 만일 요의 궁궐에 거하면서 요의 아들을 핍박했다면 이는 찬탈이요 하늘이 주신 것이 아니다.

「만장 상」

유교 정치권력political power의 정당성legitimacy 혹은 정권 승계의 정당성에 대한 인식을 보여주는 대목이다. 맹자의 제자 가운데 가장 논리적이라고 평가받는 만장이 요에서 순으로의 정권 이양 과정의 정당성과 그 증명 방식에 대해 질문하고 맹자가 답변하는 형식을 빌리고 있다. 맹자의 제자 만장이 스승 맹자에게 요가 순에게 천자 자리를 주었냐고 묻자 맹자는 '요가 준 것이 아니라 하늘이 준 것'이라고 하여 정치권력은 일반적인 사람들이 주고받는 것이 아니라 하늘의 뜻, 곧 절대자의 뜻임을 주지시키고 있다. 만장은 계속해서 하늘이 준 것인지 어찌 아느냐고 묻고 맹자는 백성이 받아들인 것이 하늘이 받아들인 것이라고 하여 민심民心이 천심天心이라고 정의하고 있다.

정치공동체political community만이 일정 공동체 내에서 유일하게 합법적인 폭력인 정치권력을 행사할 수 있다. 그리고 그 전제는 해당 정치권력이 권력 행사의 정당성을 확보할 때다. 유교에서 정치권력의 탄생과 유지의 궁극적 정당성은 민심이다. 흔히 정치권력은 천명天命에서 유래한다고 하고, 이때 천명은 궁극적으로 민심, 곧 인민의 지지에 기초하기 때문이다. 이러한 민의 지지에 의한 정치권력의 정당성 이론은 맹자의 '민심이 천심' 주장에 의거하고 있다.

【 맹자 23 】 원문 35

순舜은 밭 가는 농부 출신에서 (천자로) 발탁되었고, 부열傳說은 공사판에서 (재상으로) 발탁되었으며, 관이오管夷吾는 선비 출신

정치, 함께 살다

으로 등용되었고, 손숙오孫叔敖는 바닷가에서 등용되었으며, 백
리해百里奚는 저잣거리에서 등용되었다.

「고자 하」

근대가 신분 해방을 시켰다는 이유로 전근대 사회를 우습게 본 지가 기
껏 1세기도 지나지 않아 벌써 신흥 신분제 이야기가 젊은이들의 가슴을
후벼파고 있다. 이른바 금수저, 흙수저 이야기다. 태어날 때부터 금수저 물
고 부잣집에 태어난 아이를 흙수저 물고 태어난 평범한 가정의 아이가 결
코 따라잡을 수 없다는 데서 나온 말이다. 부가 세습된다는 이 논리는 신
흥 신분제가 아니라고 할 수 없다. 2500여 년 전 맹자는 금수저, 흙수저가
정치세계 진출의 통로가 되어서는 안 된다고 강력하게 주장했다. 위의 예
문도 그중 하나다. 맹자의 이러한 주장은 신분사회였던 당시로서는 실로
혁명적인 사고였다. 『맹자』 곳곳에는 이렇게 신분을 넘어 능력으로 인물을
발탁한 사례나 주장이 넘쳐나고 있다. 신분이 아니라 오직 능력으로만 인
사를 할 때 인정, 왕도정치가 가능하다는 것이 맹자가 가장 내세우는 주
장 가운데 하나다.

【 맹자 24 】 원문 3 6

하늘이 내린 벼슬이 있고 사람이 내린 벼슬이 있다. 어짊, 정의,
충성, 믿음으로 착함을 즐겨 하는 것은 하늘이 내린 벼슬이요,

공경公卿이나 대부大夫 같은 것은 사람이 내린 벼슬이다.

「고자 상」

맹자에 의하면, 완전한 인간, 인간다운 인간임에도 좋은 세상을 만나지 못해 정치에 참여하지 않고 자연인으로 살아가는 천민天民, 곧 하늘의 백성은 하늘의 작위, 곧 천작天爵을 부여받은 자이고, 고위 관직자인 공경대부는 기껏해야 인작人爵을 받은 자다. 천작을 받은 자는 인의충신仁義忠信의 덕을 가진 자로서 과거 이상적인 하·은·주 삼대에는 공경대부의 인작이 따라왔었다. 그러나 당시는 세습으로 왕위가 이어졌기에 천작과 인작이 일치하지 않는 경우가 다반사였다. 천덕天德을 소유하여 천작을 받아야 할 이가 출사하지 못하고 처사로서의 길을 선택할 수밖에 없는 정권은 부당한 정권이다.

【 맹자 25 】 원문 37

덕德을 높이고 의義를 즐기면 스스로 만족하는 것이오. 그렇기 때문에 선비는 궁색해도 의를 잃지 아니했고 영달해도 도道를 떠나지 않는 것이오. 궁색해도 의를 잃지 않는 까닭에 선비는 자기를 이루고, 영달해도 도를 떠나지 않는 까닭에 백성은 희망을 잃지 않는 것이오. 옛사람이 벼슬길에 나가면得志 백성에게 은택을 더하고, 벼슬길에 나가지 못하면不得志 수신修身하여 세상에

드러내는 것이오. 궁색하면 스스로 독선獨善하고 영달하면 천하
사람들과 함께 겸선兼善하는 것이오.

「진심 상」

맹자에게 있어서 훌륭한 사士의 정치 참여활동, 곧 출사란 '겸선兼善'과
동의어다. 사는 정치활동을 하는 대인大人, 곧 출사자 중에서도 가장 훌륭
한 인물이 될 사람이다. 이러한 훌륭한 인물이 보유한 훌륭한 자질, 곧 정
치적 능력인 선善을 출사를 통해 세상과 공유한다고 해서 이를 '겸선'이라
고 한다. 따라서 반대의 상황, 곧 사가 출사하지 못하고 재야에서 수기修己
만 하는 처사적 상황에 대해서는 '홀로 선을 즐긴다'고 하여 '독선獨善'이라
고 했다. 물론 여기서 말하는 독선은 오늘날 말하는 혼자만 선한 척하는
독선과는 전혀 다른 의미다. 결국 사는 남이 알아주는 출사자가 되면 자
신의 선을 공유하는 겸선을, 남이 알아주지 않는 궁색자가 되면 자신만이
라도 덕과 의를 즐기는 독선을 하게 되는 것이다.

결국 유교적 지식인인 사 중에서도 천민天民은 천자직에도 대신직에도
얼마든지 넘나들 수 있는 능력을 보유한 자유인으로서, 천하의 올바른 위
치에 서서 도를 행하므로 때를 만나 출사하면 백성과 더불어 겸선하고, 처
사에 머물러 있으면 혼자서라도 독선하는 자다.

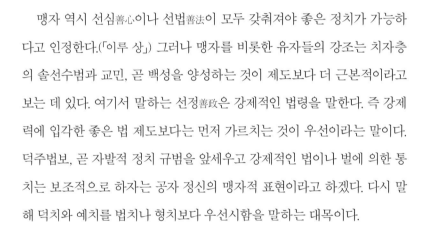

선정善政은 선교善教로 민심을 획득하는 것보다 못하다. 선정은 백성으로 하여금 통치자를 두려워하게 하고 선교는 백성으로 하여금 그를 아끼도록 만든다. 선정은 백성의 재물을 얻지만 선교는 백성의 마음을 얻는다.

「진심 상」

맹자 역시 선심善心이나 선법善法이 모두 갖춰져야 좋은 정치가 가능하다고 인정한다.(「이루 상」) 그러나 맹자를 비롯한 유자들의 강조는 치자층의 솔선수범과 교민, 곧 백성을 양성하는 것이 제도보다 더 근본적이라고 보는 데 있다. 여기서 말하는 선정善政은 강제적인 법령을 말한다. 즉 강제력에 입각한 좋은 법 제도보다는 먼저 가르치는 것이 우선이라는 말이다. 덕주법보, 곧 자발적 정치 규범을 앞세우고 강제적인 법이나 벌에 의한 통치는 보조적으로 하자는 공자 정신의 맹자적 표현이라고 하겠다. 다시 말해 덕치와 예치를 법치나 형치보다 우선시함을 말하는 대목이다.

어떤 사람이 "나는 진陣도 잘 치고, 전쟁도 잘한다"고 말한다면 그는 큰 죄인이다.

공자는 '충분한 안보足兵'를 '충분한 식량足食'과 '국민의 신뢰民信'와 더불어 국가의 3대 요소로 꼽았다. 이처럼 유가적 전통 사유에서 국방과 관련된 문제는 국가 통치의 핵심적인 요소로 간주되었다. 그러나 그것은 어디까지나 전쟁을 방지하기 위한 수단으로서였다.

맹자 역시 마찬가지였다. 맹자에게 전쟁이란 기본적으로 악惡이다. 맹자에게 전쟁은 공동체를 위태롭게 만들고, 밖으로는 타국들과 불화하게하는 요인이다. 아군이든 적군이든 사람이 대대적으로 죽고 죽이는 것이다. 따라서 방어 전쟁과 해방 전쟁에 한해서 부득이하게 수행하는 것이지이겼다고 자랑할 것은 못 된다. 특히 사람을 살리기 위한 정치를 하면서 사람을 죽이는 전쟁을 즐겨 한다면 이는 크나큰 모순이다.

【맹자 28】 원문 40

사랑하는 백성과 자제들을 희생시켜가면서까지 사랑하지 않아도 될 재물이나 영토를 아끼는 정치, 곧 영토 때문에 인민과 자제들을 전쟁터로 내모는 정치를 하고 있다.

「진심 하」

춘추전국시대에는 부국강병을 추구하는 패도정치가 군주들에게 선망의 대상이었다. 하지만 맹자는 전쟁으로 점철된 세상이 초래된 원인은 근본적으로 이러한 부국강병을 추구하는 패도정치의 경향이라고 진단했다. 때문에 맹자는 이에 대한 대안으로 왕도정치를 제시했다. 맹자에게 있어서 패도정치란 강제력으로 부국강병을 추구하는 정치체제로서 힘의 정치가 본질이다.[6]

부국강병 자체가 목적이 될 때 각국은 필연적으로 토머스 홉스(1588~1679)가 말한 '만인 대 만인의 투쟁'의 끊임없는 전쟁 상태에 있을 수밖에 없다. 결과적으로 백성을 끊임없이 전쟁에 동원할 수밖에 없다. 즉 패도정치의 본질적 목적이 부국강병에 있는 한 그것은 궁극적으로 '사랑하는 백성과 자제들을 희생시켜가면서까지 사랑하지 않아도 될 재물이나 영토를 아끼는 정치, 곧 영토 때문에 인민과 자제들을 전쟁터로 내모는 정치'를 벗어날 수 없다는 것이다. 실제로 양혜왕은 영토 때문에 백성을 쇠잔하게 만들어 전쟁에 몰아넣고는 크게 패하고 나서도 다시 전쟁하면서 이기지 못할까봐 자기가 사랑하는 자제들까지 내몰아 죽게 만들었다. 이것이 바로 사랑하지 않는 자를 대하는 마음으로 사랑하는 자를 대했다고 하는 것이다.

【 맹자 29 】 원문 41

백성이 가장 귀하고, 사직이 다음이며, 군주가 가장 가볍다. 이런 까닭으로 구민丘民의 마음을 얻으면 천자가 되고, 천자의 신

임을 얻으면 제후가 되며, 제후의 신임을 얻으면 대부가 되었던 것이다. 제후가 사직을 위태롭게 만들면 바꾸었고 제물로 바치는 희생이 잘 준비되고 제물로 바치는 곡식도 정갈하게 잘 준비되어 제때에 제사를 지냈는데도 가뭄이 들고 홍수가 생기면 사직을 바꾸었던 것이다.

「진심 하」

토지신神을 사社라 하고 곡식신을 직稷이라 한다. 둘을 합치면 영토를 의미한다. 정치의 존재 이유를 '위민爲民, for the people'에서 찾는 맹자는 정치의 3요소로 주민, 영토, 주권을 제시했다. 이는 오늘날에도 국가의 3요소로 간주된다. 맹자는 이 중에서도 가장 중요한 것은 주민, 곧 백성이라고 했으니, 지극히 옳다. 2500여 년 전 맹자가 국가의 3요소로 이를 언급했다는 것은 매우 놀랍다. 그런데 오늘날 정치학에서 가장 강조하는 것은 주권이다. 맹자는 이와 달리 영토나 주권보다 주민이 가장 중요하다고 했으며, 물론 이는 정당하다. 당시는 군주통치 시절이니만큼 군주가 주권을 대신했는데, 맹자에 의하면 군주는 제대로 못하면 교체가 가능하다. 심지어 백성이 터전으로 살아가야 하는 영토조차도 홍수나 가뭄으로 인해 그 기능을 못하면 어쩔 수 없이 바꿀 수밖에 없다. 하지만 주민은, 국민은 모든 것 위에 살아남아야 하는 존재다. 국가도 따지고 보면 국민의 생명 보호 때문에 성립되었다. 군주든 영토든 궁극적으로 백성이 살기 위해서 만든 것이니만큼 어쩔 수 없다. 따라서 우리는 맹자가 국가나 정치의 존재를 일반 피치자들의 공존을 위한 고안물로 간주했음을 다시 한번 확인할 수 있다.

정치, 함께 살다

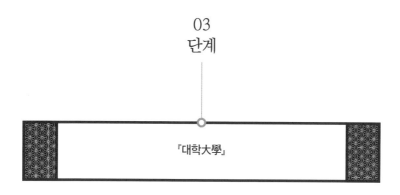

03
단계

『대학大學』

대학大學의 도는

명덕明德을 밝히는 데 있고

신민新民을 하는 데 있으며

지선至善에 머무르는 데 있다.

경1장

『대학』은 가장 먼저 정치가의 궁극 목적(존재 이유)과 실천 목표에 대해
정치공동체의 목적과 연계하여 천명하고 있다. 대학은 정치가가 익혀야
할 큰 학문을 의미한다. 그 궁극적인 목적과 목표에 대해『대학』은 첫째 명
명덕明明德, 둘째 신민新民, 셋째 지어지선止於至善의 실현으로 보았다. 주희

는 이를 '삼강령三綱領'이라고 명명했다.

첫째, 제1강령인 '명명덕'은 정치가의 자기성찰과 자기계발을 의미한다. 정치가는 자신의 존재 이유, 곧 임무에 관한 자기성찰과 자기계발의 내용이 무엇인지 끊임없이 고민하고 계발해야 한다. 정치인이 될 사람이 학문을 하는 이유는 무엇보다도 명덕明德을 밝히는 데 있다. '명덕'의 '명明'은 '덕德'의 수식어로서 '덕'과 '명덕'은 본질적으로 동의어다. '덕'이라는 용어 자체가 어떤 사물이나 일의 고유한 본질을 의미하기 때문이다. 곧 동물의 덕은 동물다움이고 인간의 덕은 '인간됨'이다. 물론 인간됨에 대한 정의는 사람마다 다를 수 있지만 어찌 되었든 보편성을 의미하는 도道와 대비되는 '덕'은 일차적으로 '고유성'을 말한다. 이렇게 볼 때 정치가의 덕은 '정치가다움'이다. 정치가는 누구보다도 자기성찰과 자기교육을 통해서 위에서 말한 정치가의 덕성, 인간의 본성을 밝혀야 한다는 것이다. 물론 이러한 자기성찰과 자기교육 과정은 통치자뿐만이 아니라 "천자로부터 서인에 이르기까지 모두 수신으로 근본을 삼아야 한다."7 그러나 정치가라는 존재는 특별히 더욱 자기교육과 자기성찰이 요구된다. 정치가는 그 스스로가 정치권력이라는 물리적 강제력을 보유하고서 타자에게 그것을 행사하는 인물이기에 궁극적으로 통치자 자신이 스스로를 제어할 수밖에 없는 위치에 있다. 때문에 건강한 정치사회의 유지를 위해서는 통치자의 끊임없는 자기성찰과 자기교육이 요구된다.

둘째, '신민新民'은 행정을 의미하는 '치인治人'의 최상 등급과 동일시된다. 행정이 제대로 되었을 때 정책만이 아니라 그 최종 대상인 피치자들조차도 새로이 거듭난다는 의미다. 그렇기 때문에 신민은 동아시아 세계에서

정치, 함께 살다

근대가 진행되면서 전통 정치의 패러다임이 대부분 거부당할 때조차도 오히려 근대적 주요 대안으로 제시되었던 개념이다.[8] '신민', 곧 '백성을 새롭게 한다'는 것은 정치 구성원들의 마음을 밝고 새롭게 혁신하고 개신한다는 말로서, 새로운 인간형으로 거듭나게 한다는 것이다.[9]

셋째, '지어지선止於至善', 곧 '지극한 선에 머문다'는 것은 '명명덕'과 '신민'이 이뤄진 상태를 유지한다는 말이다. 다시 말해서 이상국가나 이상사회의 유지를 의미한다. 곧 평천하平天下 상태이기도 하다. 여기서 우선 '천하' 개념에 주목할 필요가 있다. 물론 '천하'라는 용어는 오래된 용어이지만 『대학』에서, 특히 『대학장구』에서 주희가 사용한 '천하'라는 용어는 새로운 정치학적 개념을 내포한다. 즉 "여기서의 천하는 진秦과 한漢처럼 오로지 특정한 개인이나 자국만의 정치적 역량을 실현하는 장소가 아니라 (…) 덕성을 바탕으로 정치질서를 확립하고 정치 이상을 실현하는 장소라는 데 그 근본 의의가 있다."[10] 물론 이러한 천하관 역시 주희의 형이상학적 명덕明德 개념 이해와 배치되는 것은 아니다.

"지극한 선은 사리의 당연한 극치다. 명덕을 밝히고 백성을 새롭게 하는 것은 모두 지극히 선한 데에 머물러 변함이 없음을 말한다. 즉 천성의 극極을 다하고 한 치의 사욕도 없는 그런 경지를 말한다."[11] 정치세계의 지어지선 역시 우주적으로 확장하면 우주의 본체인 이理의 세계가 실현된 것으로, 개인적 차원에서는 명명덕이, 행정적 차원에서는 신민新民이 모두 지선至善의 경지에 이른 것이다. 설사 이것이 현실에서 이뤄지지 않는다고 하더라도 이를 위해 정치가가 부단히 정진하는 자세를 갖는 것이 정치가의 가장 중요한 의무이며 사명이다. 이 지극한 선善, 곧 좋음의 상태를 향한 부단한 추구야말로 정치의 최종 목표다. 그리고 지어지선은 그 자체가 인간의 부단한 명명덕과 신민의 과정으로 이뤄진 것인 이상, 이는 끊임없는 추구의 과정이지 고정된 혹은 정지된 어떤 상태가 될 수는 없기 때문이다.

【대학 2】원문 43

만물에는 본말이 있고 만사에는 종시가 있다.
이들의 선후할 바를 알면 도의 경지라고 하겠다.

경1장

정치가가 될 사람은 무엇을 배우고 어떻게 배워야 하는가? 곧 정치라는 공동체 전체의 사무를 위해 배워야 할 큰 학문이란 무엇인가? 바로 정치와 윤리의 통일을 추구하면서 일처리 능력에 있어서 본말과 경중, 선후의 판단력을 배양하고자 하는 것이다.

여기서 '물物'은 예컨대 '물物, 지知, 의意, 심心, 신身, 가家, 국國, 천하天下' 같은 것이라면 '사事'는 '격格, 치致, 성誠, 정正, 수修, 제齊, 치治, 평平'과 같은 것들이다. 그런데 이 만사와 만물에는 원인과 결과, 경중과 본말이 있다. 그리고 경중과 본말을 따져 일의 우선순위를 정해서 일을 수행해야 한다. 인간의 삶은 물론 정치세계 역시 한정된 인간의 능력과 자원 속에서 한계 내의 일을 수행해야 한다. 때문에 인간은 항시 선택의 기로에 놓여 있는데, 그 선택의 기준은 주어진 상황 속에서 본말本末 가운데 본本을, 경중 가운데 중重을, 선후 가운데 선先을 올바르게 선택해야 한다. 요컨대 "『대학』은 유가의 내성외왕內聖外王의 도를 종합 서술하면서 시종始終, 본말 개념을 관통하고 있다."[12] 그리고 공동체 구성원 전체의 생사와 행불행을 관장하는 정치에서 선택의 문제는 더욱 중요해지는 것이다.

【대학 3】 원문 4 4

궁극의 목적을 알아야 정定해짐이 있다.

정해진 뒤에야 평정平靜할 수 있다.

평정한 뒤에야 편안便安할 수 있다.

편안한 뒤에야 사려思慮할 수 있다.

사려한 뒤에야 이룸得이 가능하다.

경1장

그렇다면 본말, 경중, 선후는 어떻게 결정할 것인가? 그것은 우선 궁극적인 목적을 궁구해야 한다. 곧 정치 지도자의 경우 정치의 존재 이유인 대의大義, a just and righteous cause를 분명하게 알아야 한다. 그래야 각 분야의 목표 지점과 역할들이 정해지기 때문이다. 둘째, 각자의 역할과 목표 지점이 설정되어야 한다. 그래야 각자의 일의 범위, '몫'이 설정된다. 몫의 배분은 곧 질서를 찾는 길이고, 질서 확보는 곧 '분쟁의 종식 평정靜'이다. '靜'은 글자 그대로 '다툼爭을 청소淸掃'한 것이다. 셋째, 분쟁이 종식된 '평정靜

의 상태'가 되어야 사람들은 안심安할 수 있다. 넷째, 사람들은 안심한 뒤라야 뭔가를 도모慮할 수 있다. 정치가라면 항상 공동체를 위해서 무엇인가를 도모해야 하기에 헤아림은 매우 중요하다. 다섯째, 헤아리고 도모한 뒤에야 일을 이루는 것得, 곧 성취가 가능하다. 성취는 정치가의 궁극적인 존재 이유다.

【대학 4】 원문 45

옛날에 명덕을 천하에 밝히고자 하는 자는 먼저 자기 나라를 다스렸다.

나라를 다스리고자 하는 자는 먼저 집안을 가지런히 했다.

집안을 가지런히 하고자 하는 자는 먼저 자신을 닦았다.

자기 자신을 닦으려는 자는 먼저 마음을 바르게 했다.

마음을 바르게 하려는 자는 먼저 뜻을 진실되게 했다.

뜻을 진실되게 하려는 자는 먼저 앎을 이루었다.

앎을 이루는 것은 만물의 이치를 깨닫는 데 있다.

(다시 말해서)

만물의 존재 이치를 깨달은 뒤라야 자기의 앎을 이룬다.

앎을 이룬 뒤라야 자기의 뜻이 진실되게 된다.

뜻이 진실된 뒤라야 자기 마음이 바르게 된다.

마음이 바르게 된 뒤라야 자기 자신이 닦아진다.

자기 자신이 닦아진 뒤라야 집안이 가지런해진다.

정치, 함께 살다

집안이 가지런해진 뒤라야 나라가 다스려진다.
나라가 다스려진 뒤라야 천하가 화평해진다.

경1장

'삼강령'을 구체적으로 실천하는 방법과 순서를 밝힌 '팔조목'이다. 올바른 정치를 위해 정치가들이 자기성찰과 자기계발에 힘쓰는 근원적 과정에 대해 설명했다. 인용문에서 보듯이 정치가가 최고 정치인 평천하를 실현하는 과정은 격물格物, 만물의 존재 이치를 깨닫는 것으로부터 시작된다. 즉 '평천하平天下←치국治國←제가齊家←수신修身←정심正心←성의誠意←치지致知←격물格物'의 과정을 거친다고 보는 것이다. 그리고 위 인용문에서 보듯이 이를 강조하느라 다시 한번 '격물→ 치지→ 성의→ 정심→ 수신→ 제가→ 치국→ 평천하' 항목과 순서를 나열했다. 그리고 이와 같이 격물치지에서부터 이뤄지는 정치가의 이상정치를 실현하는 과정을 주희는 '팔조목'이라 했다.[13] 아울러 그는 '격물'에서 '수신'에 이르는 다섯 단계를 '수기修己'과정으로, '제가'에서 '평천하'에 이르는 세 단계를 '치인治人'과정으로 보았다.

'격물格物'이란 궁극적으로 '만물이 존재하는 이치에 그 기준을 세운다'는 말이다. 인간은 자연세계의 한 일원이다. 인간만이 지각 능력과 이성 능력을 활용하여 자연세계와 분리된 독자 영역, 이른바 문명세계를 구축했지만 궁극적으로는 자연계의 한 요소다. 문명을 일군 인간이지만 영원히 살지는 못하는 한계적 인간이며, 천지天地 일월日月 성신星辰의 자연계 운행에 입각하여 생산활동과 소비활동을 행하는 자연계 내 존재다. 아무리 위대한 인간의 문명일지라도 그것은 어디까지나 자연계, 곧 만물의 존재 이치 내에서 작동한다. 문명의 기초인 조직생활, 곧 정치공동체 생활의 준칙 역시 어디까지나 이 만물의 존재 이치와 유리될 수 없는 것이다. 요컨대 정치 차원에서 격물이란 만물의 존재 이치에 견주어 정치공동체를 고민하는 것이다.

다음 단계는 치지致知다. 플라톤의 고민으로 대표되듯이, 정치가에게 지식의 문제는 필수적이다. 정치가라면 응당 구성원의 안전과 행복 실현 방법을 인식하고 있어야 하며, 이를 위한 질서 확보와 분배 방식 등에 대해 누구보다도 잘 알고 있어야 한다. 정치가라면 정치를 잘하기 위해서 왜 정치가 존재하는지, 정치가 어떠해야 하는지를 알아야 하는데, 그 궁극적 준거점은 만물의 존재 이치를 아는 데 있다. 정치가에게 있어서 지식의 준거점은 인간 삶의 환경인 자연, 곧 만물의 존재 이치가 되는 것이다. 곧『대학』에서 '치지致知는 격물格物에 있다'고 한 것이 그 지점이다.

정치가에게 '앎을 이루는 것', 곧 치지는 공권력 행사의 목적과 방법에 대해 올바로 인식하고 있어야 그것이 정당한 질서 확보와 구성원의 행복 추구에 합치하는 결과를 낳는 것이다.

'성의誠意'란 "'스스로를 속이지 않는 것'이니, 그것은 나쁜 냄새를 싫어하는 것과 같고 좋은 색을 좋아하는 것과 같다."14 이는 자신의 생각을 진실되게 하는 것이다. 사람은 남을 속일 수는 있어도 자신의 진실은 속일 수 없다. 타인은 일시적으로 속일 수 있으나 자기 자신만큼은 스스로를 기만할 수 없다. 남은 몰라도 자신만은 알고 있는 것이다. 따라서 자신을 통제할 주체는 궁극적으로 자신일 수밖에 없다. 때문에 그 누구보다도 스스로를 가장 경계해야 하는 것이다. 신독愼獨!(『대학장구』「전6장」) 그런데 이러한 성의는 자연 치지致知를 전제로 한다. 곧 진실된 자기의식 혹은 명확한 자기의식은 객관적 이성과 지식에 의거하는 격물치지 과정의 선행이 필수적으로 요구된다. 객관적이지 못한 이성과 지식에 의거한 자기의식은 자칫 무지의 악 내지는 자의적 정치를 행하기 쉽기 때문이다. 순수한 의도 혹은 선의로 행하지만 사실 혹은 진리를 인지하지 못한 행동의 결과 사회악이 된 사례는 적지 않다.

'정심正心'이란 말 그대로 '성정性情을 바르게 하는 것'이다. 곧 마음은 이성과 감정으로 이뤄지는데, 이 양자가 한쪽으로 치우치지 않고 공정하게 발휘되는 것을 말한다. "자기 마음에 분치忿懥하는 바가 있으면 마음의 바름을 얻지 못하고, 공구恐懼하는 바가 있으면 마음의 바름을 얻지 못하며, 호오好樂하는 바가 있으면 마음의 바름을 얻지 못하고, 우환憂患하는 바가 있으면 마음의 바름을 얻지 못하는 것을 말한다"[15]라는 말이나 "마음이 없으면 보아도 보이지 않고, 들어도 들리지 않으며, 먹어도 그 맛을 모른다"[16]는 구절에서 보듯이 정치를 바로 하기 위해서는 정심이 되지 않고서는 어떤 행위도 가능하지 않다. 그런데 이 정심은 성의를 전제로 한다. 진실된 뜻이 아니라면 목적하는 바에 집중할 수도, 공정할 수도 없기 때문이다.

'수신修身'은 정심의 기초 위에 모든 언행이나 행위를 올바르게 처신하는 것을 말한다. 수신이 이뤄진 상태는 모든 정치가가 친애, 천오, 외경, 애긍, 오타하는 바를 넘어 공정하게 처신하는 것을 말한다. "사람이란 그가

친애親愛하는 바에 치우치고, 그가 천오賤惡하는 바에 치우치며, 그가 외경
畏敬하는 바에 치우치고, 그가 애긍哀矜하는 바에 치우치며, 그가 오타敖惰
하는 바에 치우치기 쉽다. 그러므로 누군가를 좋아하면서도 그의 나쁜 점
을 알고 누군가를 미워하면서도 그의 좋은 점을 아는 사람은 천하에 드문
것이다."[17] 때문에 "사람은 자식의 나쁜 점에 대해 모르고, 자기 곡식의 싹
이 크다는 사실을 모"[18]르는 것이다. 물론 이러한 수신은 정심에 달려 있
다. 결국 수신은 격물에서 정심까지의 내면적 의식이 행위로 올바르게 표
출된 것을 말한다.[19]

【대학 5】 원문 46

군왕이 되어서는 인仁에 머무셨고
신하가 되어서는 경敬에 머무셨으며,
자식이 되어서는 효孝에 머무셨고
부모가 되어서는 자慈에 머무셨으며,
국인들과 사귐에는 신信에 머무셨네.

전3장

백성을 위해 존재하는 군왕에게 가장 요구되는 덕목은 치자와 피치자
가 동일하다는 동일성에 입각하여 백성을 배려하는 인仁, 군주가 되기 전
신하일 적에는 군주를 공경하는 마음인 경敬, 또 일반 백성과 마찬가지로

자식으로서는 부모에게 효도하는 마음인 효孝, 부모로서는 자식을 사랑하는 마음인 자慈, 동등한 사람들 혹은 의리로 사귀는 관계, 곧 국인으로서의 사귐에는 평등과 의리의 토대인 믿음인 신信이다. 물론 이는 맹자에게서 오륜으로 공식화된 역할 윤리 관념과 같다. 이렇게 하면 정치가는 자신의 덕과 도를 완수하는 것이 된다.[20] 여기서 한 가지 군주의 인은 특히 공과 사를 구분하는 능력에 있고, 그것은 곧 관료 등용에 있어서의 공정성이다. 최고 지도자는 어진 이를 어질다 하고 친한 이를 친하다 하는 지도자로서, 유능한 선善을 보유한 이들로 하여금 자신의 선을 펼칠 수 있게 할 때 인을 실현한 것이다.[21]

【 대학 6 】 원문 4 7

위에서 싫어하는 것을 아래에 시키지 않고
아래에서 싫어하는 것으로 위를 섬기지 않는다.
앞에서 싫어하는 것을 뒤에서 먼저 하도록 하지 않고
뒤에서 싫어하는 것으로 앞에서 따라하지 않는다.
오른편에서 싫어하는 것을 왼편에 건네지 않고
왼편에서 싫어하는 것을 오른편에 건네지 않는다.
이러한 것을 일러 '혈구지도絜矩之道'라고 한다.

전10장

'신민新民'의 구체적인 내용을 정의하고 있다. '백성을 새롭게 한다'는 것은 어떻게 하는 것인가?『대학』에서는 이를 법도를 헤아리는 정치, 곧 혈구지도의 정치라고 했다. 이는 두 가지로 제시된다. 첫째는 '남이 싫어하는 것을 하지 않는 정치'다. 임금이 싫어하는 것을 신하나 백성에게도 행하지 않는 정치, 백성이 싫어하는 것으로 임금에게도 섬기지 않는 정치다. 그것은 '자신의 마음을 미루어 남의 마음을 헤아리는 도'로서『논어』에서는 '서恕'라고 정의한 바 있다. 또 맹자와 주희는 이를 '타자를 헤아리는 마음' '추기급인推己及人'[22]이라고 했다. 곧 이는 소극적 배려의 준칙 원리로서 '자신이 싫어하는 것을 남에게도 행하지 않는' 배려 정치다.

【 대학 7 】 원문 48

백성이 좋아하는 바를 좋아하고
백성이 싫어하는 바를 싫어하는 사람,
이러한 사람을 '백성의 부모'라고 말한다.

전10장

'신민의 정치' '혈구지도의 정치'의 두 번째는 적극적 배려의 준칙인 인仁의 정치다. 곧『논어』에서 '내가 원하는 바를 상대에게도 행하는 정치'가 그것이다. 곧 백성이 좋아하는 바를 정치인도 좋아하는 정치, 백성이 싫어하는 바를 정치인도 싫어하는 정치다.『맹자』에서는 음악, 오락, 성, 재물

등은 군주만 좋아하는 것이 아니라 사람이라면 누구나 좋아하는 바인데, 이를 백성과 공유하면 백성의 지지가 올라가 정권도 안정되고 오래가지만 이를 군주나 지배층만 독식한다면 백성이 들고일어나는 것은 당연하다는 논리를 전개했음을 앞에서 살펴본 바 있다. 따라서 신민이나 혈구지도에서 가장 중요한 것은 백성의 마음, 곧 민심이다.

혈구지도의 정치는 좀더 구체적으로 철저한 보민保民 의식에 입각한 정치를 추구한다. 『서경』을 인용하는 『대학』에 의하면, '신민'은 백성을 '갓난아기를 보호하듯이' 보호하면 된다. 부모나 군주는 각각 자식과 백성이라는 상대가 존재함으로써 스스로의 존재가 가능하다. 이때 부모는 아무리 모자란 부모라 할지라도 자식이, 특히 영유아 자식이 혹여 잘못될까 온갖 정성을 다하여 기른다. 그러나 군주와 백성의 관계는 이와 다른 경우가 많다. 백성이 있어야 군주가 존재한다는, 그리하여 백성이 국본國本이라는 사실을 잊어버리고, 피치자로서만 대하는 경우가 적지 않다. 이에 대해 『대학』은 정치란 백성을 갓난아기 키우듯이 조심조심 정성껏 돌보아야 하며, 그것이 군주의 사명임을 일깨우고 있는 것이다.

【대학 8】 원문 49

'천명天命은 결코 불변하는 것이 아니다'라고 하니,
선善하면 천명을 얻고 불선不善하면 천명을 잃는다는 말이다.

전10장

『대학』역시『맹자』와 마찬가지로, 혁명 정부인 은殷나라의 사례를 인용하면서 정치가가 자신의 존재 이유인 백성의 마음을 헤아리지 못하면 국가의 존속조차 위태롭다고 누누이 역설한다. 정치권력이나 정권의 정당성은 결코 절대적인 것이 아니다. 그것은 어디까지나 민심 획득, 곧 정치권력의 정당성을 확보할 때 가능한 것이다. 정권 초기에는 대개 정권의 지지율이 올라간다. 새로운 정치에 대한 기대가 있기 때문이다. 하지만 시간이 지나면서 정부가 기대를 저버리는 경우 초반과 달리 지지율이 바닥을 치게된다. 국민의 눈높이에서 정치를 하지 못하기 때문이다. 곧 국민이 원하는 바를 행하고 싫어하는 바를 행하지 못하기 때문인데, 다시 말해서 인·서의 정치, 혈구지도의 정치를 하지 못하는 것이다. 정도가 심하면 심지어 혁명도 일어난다. 곧 혈구지도를 잘하면 천명을 얻고 혈구지도를 잘 못하면 천명을 잃는다. 절대 권력은 절대 없기 때문이다.

그리고 보민의 실천은 무엇보다도 정치 지도자의 주체적 실천에 좌우된다. "일가一家가 인仁하면 일국一國이 온통 인하고, 일가가 겸양謙讓하면 일국이 온통 겸양하며, 일인一人이 탐욕하면 일국이 어지럽다. 이것이 '한 마디 말이 일을 그르치고, 한 명의 사람이 나라를 안정시키는 것이다."(『대학장구』「전9장」)[23] 그렇기 때문에 지도자는 "자기에게 먼저 구비된 다음에 남에게 요구하며 자기의 잘못을 없앤 뒤에야 남의 잘못을 비난한다. 스스로 서恕를 간직하지 않으면서도 남을 깨우칠 수 있는 사람은 없기 때문이다."(『대학장구』「전9장」)라고 했다. 결국 정치가라면 민심을 읽는 것이 곧 덕德이다. 민심을 수용하여 행하는 것이 덕을 쌓는 길이다. 삼강령과 관련짓자면 이것이야말로 명명덕이다.

정치, 함께 살다

현자賢者를 보고도 등용하지 못하고
등용하더라도 중용하지 못한다면 그것은 태만함이다.
불선不善한 이를 보고도 물리치지 못하고
물리치더라도 멀리하지 못한다면 그것은 잘못이다.

전10장

『대학』이 제시하는 혈구행정의 실천 요체는 용현用賢이다. '인사가 만사다'라는 논리다. 대통령이든 수상이든 동서고금을 막론하고 최고 권력자의 최고 임무는 적임자를 적재적소에 배치하고, 그들에게 전권을 부여하는 것이다. 자신과의 친소관계, 진영 논리, 코드 정치에 구애받지 말고 농림이면 농림, 해양이면 해양, 교통이면 교통, 보건이면 보건 분야 전문가 중에서 최고의 전문가를 해당 분야 장관으로 발탁, 임명하면 그 사람 역시 세부 분야 전문가를 발탁할 것이고, 이렇게 발탁된 이들에게 권한과 책임을 절대적으로 부여하면 부정부패를 하라고 해도 하기 어려울 것이다. 하지만 인사 정책에 있어 정치하는 덕성, 곧 자질보다는 친소, 진영, 코드에 얽매이다보니 이들 역시 실력을 발휘하기에는 한계가 있고, 애초 한계가 있는 이들을 임용한 까닭에 책임과 권한을 묻고 맡기는 데도 한계가 있는 것이다. 이렇게 되다보니 장관의 존재감이 느껴지지 않고, 있어도 없어도 그만인 경우가 적잖은 것이다.

군자는 무엇보다 덕을 쌓아야 한다.

덕이 따르면 사람이 따르고

사람이 따르면 땅이 따르고

땅이 따르면 재물이 따르고

재물이 따르면 쓰임이 따른다.

덕이 본本이고 재물은 말末이다.

전10장

혈구행정의 경제관을 보여준다. 이는 덕본재말德本財末에 기초하고 있다. 여기서 정치가가 지녀야 할 경제관은 백성에 대한 신민의 의무를 다하면 재물은 그 결과로 따라온다는 시각이다. 그러나 이 '덕이 본이고 재물은 말'이라는 것이 전자가 중요하고 후자가 중요하지 않다는 의미는 아니다. 전자가 선행적 원인이고 후자는 후발하는 결과물이라는 뜻이다. 정치가가 선후와 본말을 전도시키면 백성의 경우 자신들의 것이 보장되지 않으므로 스스로 챙기게 된다. 이른바 무질서가 야기되는 것이다. 통치자가 재물을 쌓아두면 백성이 흩어지고, 재물을 백성에게 배분하면 백성이 그 통치자의 정치력 안으로 모인다. 결국 정치가가 백성을 부유하게 하는 덕을 쌓지 않고 자신의 재물을 쌓게 되면 백성이 들고일어나 다시 나가게 된다고 설명하고 있다.

여기서 한 가지 더 기억할 것이 있다. 여기서의 '덕'은 정치가로서의 능력 혹은 자질로서의 덕이지 도덕성 자체만을 말하는 것이 아니라는 사실이다. 물론 도덕성은 정치가의 제1덕목 중 하나다. 정치가란 공공의 영역을 다루는 사람이기 때문이다. 정치가가 부정하면 그 해악이 국가 전체에 미친다. 만약 부정한데 똑똑한 관료라면 차라리 무능하지만 정직한 관료보다 피해가 더 크다. 예를 들어 이완용은 당대 최고로 똑똑한 사람이라 일컬어졌지만 국가와 민족을 생각하는 도덕성을 갖추지 못했기에 나라까지도 팔아먹었던 것이다. 어쨌든 여기에서는 도덕성을 포함하여 정치가에게 필요한 여러 자질을 덕이라고 표현하고 있다.

【 대학 11 】 원문 52

국가는 이익이 아니라 정의로 이로움을 삼아야 한다.

전10장

『맹자』 첫 포문과 관련된 문장이다. 국가라는 정치공동체는 재화의 시장이 아니라 정의의 영역임을 강조하고 있다. 즉 국가는 정의공동체이지 이익공동체가 아니라는 말이다. 국가가 국민의 경제를 배려하는 것이 사랑과 정의, 곧 인의仁義의 구현이고, 이런 정치공동체가 될 때 자연히 국가의 경제는 커질 수밖에 없다. 국민의 부가 국가의 부와 일치할 때가 바로 국가가 의로써 이로움을 삼는 경우다. 한때 일본의 국가와 국민의 관계에 대한 묘사 가운데 하나로 '일본이라는 국가는 부유한데 국민 개개인은 가난하다'라는 말이 있었다. 오늘날 대한민국 역시 이 말이 그대로 적용되는 듯하다. 무역 규모나 국민총생산은 OECD 회원국, 심지어 세계에서 10위권을 맴돈다면서 국민 개인의 가계 부채는 선두권이고, 청년실업, 중장년층의 실직자 증대 등 국민의 주머니는 무척 가볍다. 국가의 총생산은 높은데 정작 서민들의 주머니가 비었다 함은 우리 사회의 양극화가 매우 심하다는 것을 의미한다. 이렇게 국민의 부와 국가의 부가 괴리되는 현상은 인仁·서恕의 정치, 혹은 혈구지도의 정치와는 거리가 멀다. 심지어 국가 운영을 일개 기업과 같은 방식으로 하면 이미 국가가 아닌 것이다. 국가는 생산자인 기업과 소비자인 국민, 서비스를 제공하는 병원과 혜택을 받아야 하는 환자, 교육 주체인 학교와 교육 대상인 학생 등의 이해를 파는 시장이 아니라 정의롭게 조율하는 공공 영역이다. 국가의 임무는 한쪽으로 치우치지 않도록 균형을 잡으면서 국민 모두의 공존을 도모하는 것이다.

정치, 함께 살다

『중용中庸』

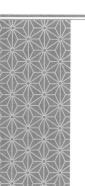

【중용 1】 원문 53

하늘이 만물에 부여한 것을 '본성'이라 한다.

스스로 본성에 따르는 것을 '도'라 한다.

도를 닦는 것을 '교육'이라고 한다.

1장

중용의 원리와 효용에 대한 선언이다. 먼저 '천명天命-성性-도道-교敎'와
의 관계를 설명한다. 다시 말해 자연법과 인간의 본성, 보편적인 도, 그리
고 그것을 실천하는 공동체적 노력인 교육(실은 정치)의 관계에 관해 설명
하고 있다.

인간은 천부적으로 인간적 본성을 부여받았다. 이는 변할 수 없는 부분

이다天命之謂性. 그렇기 때문에 본성적으로 사는 것이 인간의 길이다率性之謂道. 이는 보편적이고 당위적 성격을 지니고 있다. 이 보편적이고 당위적인 길을 걸어가는 것, 실천하는 것, 곧 인간의 천부적 본성을 회복하는 삶을 사는 것이 교육이다修道之謂教. 물론 여기서 '교육'이란 오늘날의 교육이기도 하면서 사실은 인간의 모든 바람직한 인위적 노력을 의미한다.

여기에는 개인적인 노력도 있지만 공동체적 노력도 포함된다. 그 최종적 정점에 정치공동체적 노력, 곧 '정치政治'가 존재한다. 때문에 유교공동체에서 군주의 정치적 행위를 '교教'라고 했다. 군주의 명命, 곧 일종의 법法은 '하교下教'라는 명칭을 획득했던 것이다. 따라서 여기서 보이는 '교教' 역시 오늘날의 지칭되는 협의의 '교육'만이 아니라 광의의 '정치활동' 전반을 의미한다.

이렇게 볼 때 위의 인용문을 역으로 이해한다면 '정치란 다름이 아니라 인간이 걸어야 할 보편적인 길을 걷도록 하는 것, 그리하여 인간의 존재 이유인 본성을 회복하도록 하는 것, 그리하여 궁극적으로 천명이라는 자연법의 명을 실현하도록 하는 것'이 된다.[24]

【중용 2】 원문 54

'중中'이라는 것은 천하의 대본大本이고
'화和'라는 것은 천하의 달도達道다.

1장

이어서 『중용』은 군주를 포함한 통치자 일반 및 정치적 인간이 걸어야 할 길, 누구도 벗어날 수 없는 길, 곧 보편적인 도[25]의 구체적인 내용에 대해 제시한다. 그것은 바로 중용中庸 혹은 중화中和다. '중中'이란 '근본적·근원적인 것'이고, '화和'란 '도를 실현한 것' 아니면 '보편적인 길'이다. 아직은 그것이 구체적으로 무엇인지 드러나지 않고 있다. 다만 '중'과 '화'라는 것이 각각 내재적 근본의 어떤 것과 실현해야 할 보편적인 어떤 것임을 시사하는 데 머물고 있다. 그 구체적 내용은 바로 이어지는 설명으로 파악이 가능하다.

【중용 3】 원문 55

기쁨·분노·슬픔·즐거움이 표현되지 않은 상태를 '중中'이라 하고, 이러한 감정이 나타나 모두 절도節度에 맞는 것을 '화和'라 한다.

1장

각각 천하의 근본이자 달도인 '중'과 '화'는 고차원의 어떤 것이 아니라 인간의 기쁨, 분노, 슬픔, 즐거움과 관련된 것이다. '천하의 대본'인 '중'은 다름 아닌 '인간에게 내재한 기쁨, 분노, 슬픔, 즐거움'이다.[26] '천하의 달도'인 '화'란 다름 아닌 이러한 '기쁨, 분노, 슬픔, 즐거움이 모두 상황에 맞는 것, 즉 중절中節'을 말한다. 다시 말해서 인간의 본능적 감정인 희로애락喜

怒哀樂의 인정, 그리고 그것의 제대로 된 발현이 '중화中和'라는 것이다. 기뻐
해야 할 때 기뻐하지 못하는 삶, 슬퍼해야 할 때 슬퍼하지 못하는 삶은 왜
곡된 삶이다. 예컨대 아기의 탄생은 어떤 부모에게나 축복이고 기쁨이어
야 하지만 가난해서 아기의 탄생을 기뻐하기보다 앞날을 걱정하고 한숨짓
는 상황이라면 기쁨이 제대로 발현되지 못한 것이며, 기뻐해야 할 상황에
진정한 기쁨을 누리지 못하는 것이다. 이는 왜곡된 삶의 모습이다. 이와 같
이 인간의 가장 인간적인 모습은 기뻐해야 할 때 기뻐하고, 분노해야 할 때
분노하고, 슬퍼해야 할 때 슬퍼하고, 즐거워해야 할 때 즐거워하는 것이다.
사실 이는 인간적 삶의 전부라고 해도 과언이 아니다.

【중용 4】 원문 56

중화中和를 이루게 되면
천지天地가 제자리를 찾고
만물萬物이 제대로 자란다.

1장

이 '중화'의 효과는 더없이 지대할 수밖에 없다. 하늘과 땅이 제자리를
찾고, 하늘과 땅 사이에 살아가는 인간이 제자리를 찾는다. 하늘과 땅 사
이에서 인간과 관계를 맺고 살아가는 만물이 제자리를 찾는다. 인간이 천
부적으로 부여받은 희로애락의 감정을 적재적소에 알맞게 발현할 수 있는

정치, 함께 살다

삶을 산다면 더 이상 바랄 것이 없는 이상적인 삶이다. 이는 인간만이 아니라 인간과 관계를 맺고 사는 천지만물 역시 각기 제자리를 찾는 각득기소各得其所의 상황을 맞이하는 것이다. 만물이 제자리를 찾는 『시경』의 "솔개는 하늘에서 날고 물고기는 못에서 파닥인다네"라는 상황(『중용장구』12장), 그리고 『대학』에서 말했던 '지어지선止於至善'의 상태인 것이다.

중화, 곧 중용은 희로애락이 진정으로 발현될 시간과 장소에 제대로 발현된 정치의 길, 곧 최고 정치의 도가 되는 것이다. 어디까지나 그것은 정치적 중용을 동반할 때다. 만물이 제자리를 찾는 예로 최고 정치가인 성왕들과 그 도통을 이어받은 공자에 대해 언급하는 것이 그것이며, 그 효과에 대해서도 백성과 온 나라를 드는 것이 그것이다. 따라서 '중용'은 '중용정치'로 바꿔 말해도 무방할 뿐만 아니라 오히려 더 정확하다고 할 수 있다.

【중용 5】 원문 57

해당 직위에 있더라도 덕이 따르지 않으면 예악禮樂을 제정할 수 없다.
해당 덕을 갖추었더라도 직위가 따르지 않으면 또한 예악을 제정할 수 없다.

28장

서양 학자들의 경우 고대 아리스토텔레스부터 현대 비트포겔K. A. Wittfogel(1896~1988)에 이르기까지 '인치人治'를 강조하는 동양적 군주정에 대해 집요할 정도로 무법천지의 전제專制로, 최고 통치권자의 자의恣意에 의한 전제로 규정해왔다. 그리고 이러한 인식은 서구가 태평양을 넘어 아시아 대륙을 점령한 뒤, 이에 저항하여 근대와 유교를 와해시키고자 했던 량치차오梁啓超(1873~1929)마저도, 심지어 현대 서구 민주주의와 중국 정치사상의 소통을 도모했던 샤오궁치안蕭公權(1897~1981)에게서도 그대로 지속되었다고 하겠다.

물론 유교권 사회와 유교에서는 모두 인치라는 용어도, 전제정이라는 단어도 사용한다. 그러나 유교에서 사용하는 '인치人治'는 '인치仁治', 곧 '덕치德治'를 의미한다. 또 유교에서 사용하는 전제정은 군주의 자의적恣意的 정치 행사를 의미하는 것이 아니라 최고 정치가에 의해 덕치가 행해지는 선정善政의 상황을 의미한다.

유교에서 전제專制라는 말을 사용할 때 전제前提가 있음을 유의해야 한다. 그것은 철저히 '직위에 따른 권리 행사를 전제로 한다'는 점이다. 인용문에서처럼 유교는 아무리 유덕자라 할지라도 해당 직위에 있지 않으면 정치권력을 행사해서는 안 된다고 보았다. 따라서 유교에서 말하는 군주의 전제는 군주다운 군주에 의해서 군주에게 주어진 직무가 행사되는 것을 말한다. 예컨대 대통령의 권한을 다른 제3자가 행사하지 않고 대통령다운 대통령이 법률에 의거하여 훌륭히 수행하는 것을 최고 권력자의 전제라고 말하는 것이다. 박근혜 대통령처럼 대통령이 대통령의 권한을 행사하지 못하고 최순실이라는 개인에게 휘둘린 것에 대해 우리의 전통 어법은 대통령이 권력을 전제專制하지 못하고 국정을 농단했다고 표현한다.

정치, 함께 살다

도道가 행해지지 않는 이유를 나는 알고 있나니,

지혜로운 자는 지나치고 어리석은 자는 미치지 못하기 때문이다.

도가 밝혀지지 않는 이유를 나는 알고 있나니,

현자賢者는 지나치고 불초자不肖者는 미치지 못하기 때문이다.

4장

『중용』에서는 군자와 소인의 기준을 중용의 실천 여부로 나누기도 했다.[27] 이때의 중용은 곧 공자의 시중時中이기도 하다. 중용은 지나침도 모자람도 없는, 지극히 최선의 적절한 상태, 곧 과불급過不及이 없는 시중을 말한다. 이는 아리스토텔레스가 말했듯이 양자의 어중간한 중간이 아니라 상황에서의 최고선最高善을 의미한다. 아리스토텔레스의 중용에 대한 정의는 다음과 같다. "일반적으로 고통과 쾌락은 너무 많이 또는 너무 적게 느껴질 수 있는 것인데, 어느 경우에나 좋은 일이 못 된다. 반대로 마땅한 때에, 마땅한 일에 대하여, 마땅한 사람들에 대하여, 마땅한 동기로, 그리고 마땅한 태도로 느끼는 것이 중용이요 최선이며, 덕의 특색이다."[28]

인간은 태어날 때부터 이러한 중용의 덕성을 천부적으로 타고났다. 그러나 세상이 타락하여 그 가르침이 못 미치고 인간 스스로의 노력이 부족하여 실제로 중용을 행할 수 있는 사람이 존재한 지 오래되었다고 한다. 도道라는 것이 항상 인간 곁을 떠나지 않음에도 불구하고, 사람들이 자기성찰自己省察, 곧 자기반성自己反省을 하지 않기 때문에 앎에 있어서나 행동에 있어서 지나치거나 모자라는 문제를 결과하게 된다.

【중용 7】 원문 59

순舜임금께서는 큰 지혜를 지니신 분이셨도다!
순임금께서는 묻기를 좋아하시고
주변의 일상적인 말들을 잘 살피셨으며
악한 이는 숨기고 선한 이는 드러내셨으며
표준을 잡으시어 그 알맞은 것을 백성에게 사용하셨도다.
바로 이런 점들이 순임금이 순임금이신 까닭일 것이다.

6장

순임금의 지혜는 다름이 아니라 중용을 잘 행한 것이며, 그것은 자신의 지혜를 자랑하지 않고 다른 사람, 특히 백성의 생각과 건의를 경청하는 정치를 했다는 뜻이다. 곧 필부필부의 일상, 민생의 시급한 점들을 정책으로 채택하고 해결했다는 데 그 핵심이 있다. 여기서 순의 큰 지혜는 중용을 이른다. 순이 이렇게 최고선인 중용을 지킬 수 있었던 방법은 어떤 거창한 것이 아니라 정치가로서의 기본을 지키는 것뿐이었다. 예를 들어 스스로 독단하는 것이 아니라 주변에 묻기를 좋아하고, 고매한 어떤 정책을 추구한 것이 아니라 주변의 일상적인 민심 살피기를 잘했고, 악한 자는 물리

치고 선한 이를 등용했으며, 표준이 될 만한 기준점을 제시하여 백성을 이
끌 줄 알았다. 바로 이러한 점이 정치가의 중용이고, 과불급이 없는 중용
의 상태이며, 순이 순이 된 까닭이다.

【중용 8】원문 60

군자는 적임자로 하여금 잘못한 사람을 다스리게 하되, 회개하
면 그만두도록 한다.

13장

이는 '사람의 도로써 잘못을 저지른 신체를 벌주라'고 말한 것처럼 '도
덕적 정당성'으로 '죄인의 잘못'을 다스린다는 의미일 뿐이다. 요컨대 법관
이 죄인의 잘못을 다스리되, 잘못을 고치면 치죄 행위도 멈춘다. 그런데 유
교의 법치法治 정신은 바로 이 지점에서 덕치德治로 전환된다는 사실에 주
목할 필요가 있다. 즉 유교의 법치 정신은, 궁극적으로 치죄 행위의 목적
은 치죄 자체가 아니라 범죄를 막는 데, 즉 '개과천선改過遷善'에 있으므로,
'잘못을 고치면 치죄를 멈추는 것'이다. 바로 이 점이 유교의 형치刑治 관념
이 법가法家와 달리 경형주의輕刑主義인 것이고, 너그러움의 정치, 곧 '인정
仁政'의 형치적 형태인 것이다. 형치에 있어서 유교의 경형주의적 성격은 대
표적인 유교비판론자인 한비자의 논의에서도 잘 드러난다. 물론 한비자의
의도는 유가의 인정仁政, 곧 덕치를 '아녀자의 너그러움婦人之仁' 정도로 격

하하는 데 있었지만, 분명한 것은 유교정치가 자신들의 엄형嚴刑에 입각한 정치가 아니라 너그러움의 정치, 곧 경형輕刑의 정치를 추구하고 있음을 인정하고 있다는 사실이다.

유가의 인정, 곧 덕치는 한비자가 말하듯이 '군주가 울면서 형을 집행하거나 집행하지 않으려는 정치'가 아니다. 정나라 자산子産의 인정人情에 입각한 정치에 대해 맹자가 '정치란 양민養民과 교민敎民, 곧 민생과 교육이 지속될 수 있도록 제도적인 장치 구축을 통해 하는 것'이라고 단호하게 비판한 데서 보듯이, 유교의 덕치란 정치가들이 정치의 존재 이유를 민생과 복지 그리고 이것이 지속 가능하도록 하는 인간다운 교육의 3박자 구축으로 인식, 명심하고 실천하는 것을 의미한다.

【중용 9】 원문 61

> 부귀富貴할 때는 부귀에 맞게 행동하고
> 빈천貧賤할 때는 빈천에 맞게 행동하며,
> 이적夷狄일 적에는 이적에 맞게 행동하고
> 환난患難에 처했을 적에는 환난의 상황에 맞게 행동한다.

14장

유교는 모든 일을 자리에, 상황에 알맞게 할 것을 주문한다. "군자는 자신의 자리에 맞게 행동한다. 자신의 지위를 벗어난 일을 행하고자 하지 않는다." 이것이 시중時中이고 예의 정신이다. 아무리 스스로가 능력이 있다고 생각해도 해당 자리에 있지 않으면 하지 않는다. 하게 되면 질서가 어지러워지기 때문이다. 정명이 어그러지기 때문이다. 크게는 정치질서 자체가 붕괴된다. 작게는 일상생활의 질서가 무너진다. 맹자는 중용의 중요성에 대해 주나라를 개창한 무왕의 사례를 들어 설명하기도 한다. "아버지가 대부大夫이고 아들이 사士일 때는 대부의 장사葬事와 사의 제사祭祀를 지냈다. 아버지가 사이고 아들이 대부일 때는 사로서 장사 지내고 대부로서 제사 지냈다. 기년상期年喪은 대부까지 해당되고 삼년상三年喪은 천자까지 해당되나 부모상父母喪은 귀천 없이 한결같이 적용되었다."[29] 정치적으로 치자와 피치자일 때 각각 자신의 정체성에 맞는 실천을 행하는 예다.

【중용 10】 원문 62

군자의 도는 보편적費이면서도 근원적이다隱.

12장

중용정치의 성격은 보편적이면서도 은미하다는 두 가지 성격을 동시에 가지고 있어야 한다. 즉 정치를 함에 있어서 필부필부조차도 다 아는 보편적 상식선을 추구해야 하는 반면, 그것이 그렇게 되어야 하는 이유나 정당성의 측면으로 들어가자면 최고 인간의 모델인 성인조차도 인식하거나 설명하기 쉽지 않은 근원성을 확보해야 한다는 것이다.[30] 중용의 정치는 일단 보편성(비근성)을 가지고 있어야 한다. 즉 중용은 인간 삶과 멀리 떨어진 요원한 것이 아니라 주변적인 진리와 밀접한 관련성을 지니고 있는데,[31] 다만 사람들이 그것이 너무 가까이 있기에 오히려 이를 못 알아볼 뿐이라는 것이다. 중용정치의 보편성은 이미 1장에서 중용의 도를 '희로애락喜怒哀樂의 중화中和'에서 찾은 데서 확인되는 바다.

동시에 중용정치의 원리는 심오하고 은미하여 그 누구도 쉽게 알기 어려울 만큼 근원적 성격을 지닌다. 요컨대 어디에나 적용되는 그 보편성의 지극함과 전체성은 최고 지식인인 성인조차도, 전능에 가까운 성인조차도 파악하고 설명하기 어려울 정도로 근원적 성격을 띠고 있다는 것이다.

한마디로 중용정치의 효과는 필부필부의 부부관계에서부터 날짐승과 물짐승에 이르기까지 모두 만족하여 충만함으로 가득 찰 수 있는 것이지만 그 까닭과 원리는 너무나 심오한 데 기인하여 그 누구도 쉽게 설명하거나 접근하기 어려운 형이상학적 성격을 지닌다는 말이다.

【 중용 11 】 원문 6 3

진실로 서恕는 (중용의) 도에서 멀지 않다.
자신이 바라지 않는 것은 남에게도 행해서는 안 된다.

13장

다른 한편 중용정치는 서恕의 원리에 기초한다. 앞에서 이미 설명했듯

정치, 함께 살다

이 중용은 산술적 중도가 아니다. 마찬가지로 중용정치 역시 양극단 사이의 중도 노선을 말하는 것이 아니라 상황에 맞는 최선의 선택, 조치를 말한다. 때문에 정치의 주체이자 대상인 정치 그룹과 피치자 세력의 요구와 처지에 대한 정확한 이해에 기초하여 최선의 선택을 해야 한다. 여기서 중용정치는 남의 처지를 내 처지에 빗대어 헤아리는 '서恕', 곧 동일률의 원리가 적용된다는 논리적 귀결이 도출된다. 예컨대 그것은 자식에게 요구하는 바로써 아버지를 섬기는 것, 신하에게 요구하는 바로써 임금을 섬기는 것, 아우에게 요구하는 바로써 형을 섬기는 것이고, 벗에게 요구하는 바를 먼저 베푸는 것이다.[32] 그것은 "치자일 때 피치자를 업신여기지 아니하며, 피치자일 때 치자를 붙잡지 아니한다. 자기를 바르게 하고 남 탓을 아니하니 원망하는 이가 없다. 위로는 하늘을 원망치 아니하고 아래로는 남을 탓하지 않는다"(『중용장구』 14장)와 같다. 중용정치의 성격은 궁극적으로 눈앞의 이익에 초연한, 그리하여 결국 부화뇌동하지 않으면서도 주변과 잘 조화하는 화이부동和而不同의 자세를 견지하는 정치가의 존재에 힘입는다.

【 중용 12 】 원문 64

수신하면 도道가 정립되고,

존현하면 비도非道에 흔들리지 않게 되고,

친친하면 부모父母·곤제昆弟들이 원망하는 일이 없고,

경대신하면 신하들이 현혹됨이 없고,

체군신하면 선비들의 보답하는 예가 두터워지고,

자서민하면 백성이 부지런해지고,

내백공하면 사용 물자가 풍족하고,

유원인하면 사방의 사람들이 귀의하고,

회제후하면 천하가 외경심畏敬心을 품는다.

20장

『중용』에서는 최고 통치자가 담당해야 할 중용정치의 아홉 가지 영역, 소위 구경九經의 방식과 그 효과에 대해 다음과 같이 설명하고 있다. 구경은 첫째 수신修身, 둘째 존현尊賢, 셋째 친친親親, 넷째 경대신敬大臣, 다섯째 체군신體群臣, 여섯째 자서민子庶民, 일곱째 내백공來百工, 여덟째 유원인柔遠人, 아홉째 회제후懷諸候다. 이러한 구경 정치는『중용장구』1장에서 말한 만물이 제자리를 찾는 효과가 현실에서 구현되도록 한다.

【중용 13】 원문 65

인도人道는 정치에 민감하고 지도地道는 나무에 민감하듯이

무릇 정치란 창포와 갈대 같다.

그러므로 정치를 하는 것은 사람에게 달려 있고

사람을 택하는 것은 (군주) 자신에게 달려 있으며

자신을 닦는 것은 도道에 달려 있고

도를 닦는 것은 인仁에 달려 있다.

정치, 함께 살다

인仁이라는 것은 인간다움이니 친친親親이 중요하고
의義라는 것은 마땅함宜이니 존현尊賢이 중요하다.
친친의 거리와 존현의 등급은 예禮가 출현하는 바탕이 된다.
낮은 지위에 있으면서 윗사람의 신임을 얻지 못하면 백성이 다스
려질 수 없을 것이로다!

20장

각 영역에서의 중용, 곧 최선의 실천을 언급하고 있다. 인도, 곧 사람살
이에서는 정치가 가장 중요하다. 그런데 정치는 또 사람에게 달렸다. 적임
자를 선택하는 것은 군주에게 달렸다. 군주가 이럴 능력이 있는가의 문제
는 군주 자신의 수신에 달렸다. 수신의 내용은 특히 인/의인데 각각 부모
나 자식과 친함을 유지하기 위해 노력하는 것, 현인을 높여서 등용하는 것
이다. 이 두 가지를 제대로 하면 적재적소에 꼭 들어맞는 절문節文의 예禮
를 행하게 되는 것이니만큼 중용의 정치가 이루어졌다고 하겠다.

【중용 14】 원문 66

천하에 달도達道는 다섯 가지이고 달도를 행하게 하는 것은 세 가
지다.
군신·부자·부부·곤제·붕우의 사귐은 천하의 달도이고
지智·인仁·용勇 세 가지는 천하의 달덕達德이니,

그것을 행하게 하는 것은 한 가지다.

21장

세상에 통용되는 달도, 곧 보편적인 도와 달덕, 곧 보편적인 덕이 있다. 여기서 보편적인 도는 오륜을 들고 보편적인 덕은 지, 인, 용 세 가지를 들고 있다. 보편적인 도는 부자유친, 군신유의, 부부유별, 장유유서, 붕우유신이다. 그런데 여기에서 하나 유의해서 볼 점이 있다. 즉『맹자』에서는 부자유친 다음에 군신유의가 나오는데, 여기서는 군신유의가 부자유친보다 먼저 나온다는 사실이다. 아마도『중용』이 완성되는 데 있어서는『맹자』보다 후일의 작업이어서 한대漢代의 수직적 인식론의 영향을 받은 것 같기도 하다. 어쨌든 이를 이루는 것은 한 가지 오직 성誠이다. 성誠이라는 것은 하늘의 도이고 성을 행하는 것은 사람의 도다.**33**

【 중용 15 】 원문 67

배움을 좋아하는 것은 지知에 가깝고,
힘써 행하는 것은 인仁에 가깝고,
부끄러움을 아는 것은 용勇에 가깝다.
이 세 가지를 알면 수신修身하는 바를 알게 될 것이요
수신하는 바를 알면 치인治人하는 바를 알게 될 것이요
치인하는 바를 알면 천하天下와 국가國家를 다스리는 바를 알게

정치, 함께 살다

될 것이다.

20장

위의 달도와 달덕에 이어지는 달덕론이다. 치자라면 행해야 할 것과 행하지 말아야 할 것을 알아야 한다. 무엇이 옳고 그른지, 곧 시비를 분간하는 것이 치자가 알아야 할 최초의 지적영역이다. 그래서 『대학』에서는 치자가 가장 먼저 행해야 하는 단계로 격물치지를 놓았던 것이다. 시비가 가려졌다면 시를 힘써 행하고 비를 힘써 금해야 한다. 이는 누구나 하고 싶은 것을 하고, 누구나 원하지 않는 것을 하지 않는 것이니 곧 인이다. 마지막으로 자기성찰을 통해 인을 행하지 못할 경우 이를 부끄러워할 줄 알고 다시 성실히 정진하는 것이 곧 진정한 용기다. 곧 지/인/용은 치자가 특히 갖추어야 할 보편적인 덕목이다.

【중용 16】 원문 6 8

성誠을 통해 밝히는 것明을 성性이라 하고
밝힘을 통해 진실하게 되는 것誠을 교敎라 한다.
진실되면 밝혀지고 밝혀지면 진실되다.

21장

성誠과 본성 및 교육의 관계를 말한다. 본성의 회복은 그냥 주어지는 것이 아니라 끊임없는 자기실천의 성을 통해 체득하는 것이다. 그렇기에 이는 동시에 끊임없는 자기교육 과정이기도 하다. 『중용』은 '끊임없는 자기실천'인 성誠이야말로 위대한 천지天地 화육化育에 인간이 동참하는 정치, 즉 중용정치의 핵심이라고 한다.

인간의 마음은 두 가지 마음이 있기에 그것을 다스리는 방법을 모르면 위태로운 것은 더욱 위태로워지고, 은미한 것은 더욱 은미해져서 천리天理의 공평무사公平無私함이 마침내 인욕人慾의 사사로움을 이겨낼 길이 없게 된다. 따라서 인간은 부단한 수양을 해야 한다. 그리고 이때 무엇보다도 격물치지와 같은 정밀精密함을 갖추면 이 두 가지의 사이를 살펴서 혼란스럽지 않게 하고, 한결같으면 그의 본심의 바름을 지켜서 떠나지 않을 수 있다. 따라서 이렇게 하기를 조금도 멈추는 일이 없도록 하여 반드시 도심道心으로 하여금 항상 자기의 주인이 되게 하고 인심人心으로 하여금 그 명령에 따르게 하면 위태롭던 것이 안정되고 은미했던 것이 분명해져서 자연히 행동과 말이 지나치거나 미치지 못하는 차이가 없게 될 것이다. 이것이 성誠이다. 스스로의 진실됨을 돌아보고 다시 실천한다. 끊임없는 자기반성과 자기실천을 통한 자기운동이 성誠이다.

오직 천하의 지성至誠만이 능히 자기의 본성本性을 다할 수 있다.
자기의 본성을 다할 수 있으면 능히 타인의 본성도 다할 수 있다.

정치, 함께 살다

타인의 본성을 다할 수 있으면 능히 만물의 본성도 다할 수 있다.
만물의 본성을 다할 수 있으면 하늘과 땅의 화육化育을 도울 수
있다.
하늘과 땅의 화육을 도울 수 있으면 하늘과 땅과 더불어 참여할
수 있게 된다.

22장

이 성誠은 스스로 이루는 것이요, 도道라는 것은 스스로 걷는 길이다.
성이라는 것은 만물의 처음이자 끝이니 성誠이 아니면 만물도 없다.[34] 이
러한 성誠의 본질은 곧 처음의 출발점이던 시중時中, 곧 중용中庸으로 귀결
된다. 곧 중용의 쉼 없는 실천이 만물이 제자리를 찾는 화평의 세계를 구
현한다. 그것은 또 지극한 성誠, 곧 진실됨을 구비한 자야말로 자신의 타고
난 본성과 타인의 본성, 나아가 만물의 본성을 다함으로써 만물의 각득기
소各得其所, 위대한 천지의 화육활동에 참여하는 것으로 연결된다.

성誠의 역할은 지극히 위대하다. 자기완성뿐만 아니라 타인의 완성도
이룩하도록 하며, 결국 만물의 화육에 참여하는 대작업에 동참한다. 정치
세계에서 이는 내성內聖과 외왕外王이 일치된 상황이다. 때문에 성誠이야말
로『중용』의 핵심 사상으로, 사실상 내성에서 외왕으로 나아가는 동력이
라고 할 수 있다.

또 그렇기 때문에 다른 한편『중용』의 목표는 내성에 그치는 것이 아니
라 궁극적으로 외왕을 구현하는 데 있다고 해도 과언이 아니다. 즉『대학』

2장 사서와 함께 읽는 정치학

의 경1장에서 본 대학의 목적, 곧 명덕과 신민을 통한 지어지선의 경지에 머물도록 하는 유일한 방법은 끊임없는 수기와 치인의 노력, 곧 성誠이 답이다. 요컨대 지어지선에 이르는 것도 성실한 노력이고, 지어지선을 유지하는 것도 성실한 노력이다. 지어지선에 이르렀다 해서 태만하거나 방심하는 순간 지어지선은 멈춘다. 이른바 끊임없는 진실된 노력만이 처음과 끝을 이루는 것이다. 결국 이는 과정이다. 다시 말해서 성誠은 존재하는 모든 것의 노력이자 결과이고 진행과정의 운동이다.

【중용 18】 원문 70

> 성誠이라는 것은 스스로를 이룰 뿐만 아니라 타인도 이룬다.
> 자기를 이루니 인仁이다. 타인을 이루니 지知다.
> 본성本性의 덕德이고 안팎을 합치는 도道다.
> 그러므로 시조지의時措之宜다.

25장

성誠, 곧 진실되고 성실한 것은 세계를 구축하는 원동력이다. 스스로를 완성하고 타인을 완성한다. 자신을 완성하는 것은 수기를 말하고 타인을 완성한다는 것은 치인을 말한다. 수기와 치인이 모두 완성되니 궁극적으로 개인 차원에서는 본성의 덕을 실현한 것이고, 공동체 차원에서는 치국평천하가 이루어진 상황이다. 이는 바로 안팎의 도가 합쳐진 것이다. 이른

바 모든 상황에 알맞게 조치하는 시조지의가 실천된 것이다. 또한 중용이 실현되고 시중이 완수된 것으로 바로 공존의 인정仁政이 구현된 것이다.

3장

治

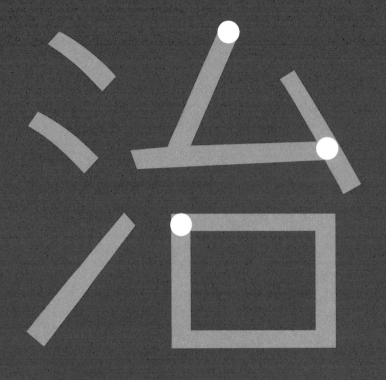

원문

[논어 1] 원문 1

學而時習之 不亦說乎. 有朋自遠方來 不亦樂乎. 人不知而不慍 不亦君子乎.(『論語』「學而」)

[논어 2] 원문 2

道之以政 齊之以刑 民免而無恥 道之以德 齊之以禮 有恥且格.(『論語』「爲政」)

[논어 3] 원문 3

子曰 富與貴是人之所欲也 不以其道得之 不處也. 貧與賤是人之所惡也 不以其道得之 不去也. 君子 去仁惡乎成名. 君子 無終食之間違仁 造次必於是 顚沛必於是.(『論語』「里仁」)

[논어 4] 원문 4

子貢曰 如有博施於民而能濟衆 何如. 可謂仁乎. 子曰 何事於仁. 必也聖乎. 堯舜其猶病諸.(『論語』「雍也」)

[논어 5] 원문 5

己欲立而立人 己欲達而達人.(『論語』「雍也」)

[논 어 6] 원문 6

己所不欲 勿施於人.(『論語』「顏淵」)

[논 어 7] 원문 7

聽訟吾猶人也 必也使無訟乎.(『論語』「顏淵」)

[논 어 8] 원문 8

葉公語孔子曰 吾黨有直躬者 其父攘羊而子證之 孔子曰 吾黨之直者異於是 父爲子

隱 子爲父隱 直在其中矣.(『論語』「子路」)

[논 어 9] 원문 9

子曰 富與貴 是人之所欲也 不以其道 得之 不處也 貧與賤 是人之所惡也 不以其道

得之 不去也.(『論語』「里仁」)

[논 어 1 0] 원문 10

邦有道穀 邦無道穀 恥也.(『論語』「憲問」)

[논 어 1 1] 원문 11

夫子憮然曰 鳥獸 不可與同羣. 吾非斯人之徒與而誰與. 天下有道 丘不與易也.(『論
語』「微子」)

정치, 함께 살다

[논어 12] 원문 12

子曰 君子 惠而不費 勞而不怨 欲而不貪 泰而不驕 威而不猛. 子張曰 何謂惠而不費. 子曰 因民之所利而利之 斯不亦惠而不費乎. 擇可勞而勞之 又誰怨. 欲仁而得仁 又焉貪. 君子無衆寡 無小大無敢慢 斯不亦泰而不驕乎. 君子正其衣冠 尊其瞻視 儼然人望而畏之 斯不亦威而不猛乎.(『論語』「堯曰」)

[맹 자 1] 원문 13

王何必曰利 亦有仁義而已矣. 王曰 何以利吾國 大夫曰 何以利吾家 士庶人曰 何以利吾身 上下交征利而國危矣. 萬乘之國 弑其君者 必千乘之家 千乘之國 弑其君者 必百乘之家 萬取千焉 千取百焉 不爲不多矣. 苟爲後義而先利 不奪不饜. 未有仁而遺其親者也 未有義而後其君者也. 王亦曰仁義而已矣 何必曰利.(『孟子』「梁惠王 上」)

[맹 자 2] 원문 14

五畝之宅 樹之以桑 五十者可以衣帛矣 鷄豚狗彘之畜 無失其時 七十者可以食肉矣 百畝之田 勿奪其時 數口之家可以無飢矣 謹庠序之教 申之以孝悌之義 頒白者不負戴於道路矣 七十者衣帛食肉 黎民不飢不寒 然而不王者未之有也.(『孟子』「梁惠王 上」)

[맹 자 3] 원문 15

若民則無恒産 因無恒心 苟無恒心 放辟邪侈 無不爲已 及陷於罪然後 從而刑之 是罔民也.(『孟子』「梁惠王 上」)

[맹자 4] 원문 16

不違農時 穀不可勝食也 數罟不入洿池 魚鼈不可勝食也 斧斤以時入山林 材木不可
勝用也 穀與魚鼈 不可勝食 材木不可勝用 是 使民養生喪死 無憾.(『孟子』「梁惠王
上」)

[맹자 5] 원문 17

王如施仁政於民, 省刑罰, 薄稅斂, 深耕易耨, 壯者以暇日修其孝悌忠信, 入以事其
父兄, 出以事其長上, 可使制梃以撻秦楚之堅甲利兵矣.(『孟子』「梁惠王 上」)

[맹자 6] 원문 18

今王發政施仁, 使天下仕者皆欲立於王之朝, 耕者皆欲耕於王之野, 商賈皆欲藏於
王之市, 行旅皆欲出於王之塗, 天下之欲疾其君者皆欲赴愬於王. 其若是, 孰能禦
之.(『孟子』「梁惠王 上」)

[맹자 7] 원문 19

賊仁者謂之賊 賊義者謂之殘 殘賊之人謂之一夫 聞誅一夫紂矣 未聞弑君也.(『孟
子』「梁惠王 下」)

[맹자 8] 원문 20

孟子見齊宣王曰 爲巨室則 必使工師求大木 工師得大木 則王喜以爲能勝其任也 匠
人斲而小之 則王怒以爲不勝其任矣 夫人幼而學之 壯而欲行之 王曰 姑舍女所學而
從我則何如. 今有璞玉於此 雖萬鎰 必使玉人彫琢之 至於治國家 則曰姑舍女所學

정치, 함께 살다

而從我 則何以異於敎玉人彫琢玉哉.(『孟子』「梁惠王 下」)

[맹 자 9] 원문 21

欲辟土地, 朝秦楚, 莅中國而撫四夷也. 以若所爲求若所欲, 猶緣木而求魚也.(『孟子』「梁惠王 上」)

[맹 자 10] 원문 22

昔者齊景公問於晏子曰 吾欲觀於轉附朝儛, 遵海而南, 放於琅邪, 吾何脩而可以比於先王觀也. 晏子對曰 善哉問也. 天子適諸侯曰巡狩. 巡狩者, 巡所守也. 諸侯朝於天子曰述職. 述職者, 述所職也. 無非事者. 春省耕而補不足, 秋省斂而助不給. 夏諺曰, 吾王不遊, 吾何以休. 吾王不豫, 吾何以助. 一遊一豫, 爲諸侯度. 今也不然, 師行而糧食. 飢者弗食, 勞者弗息. 睊睊胥讒, 民乃作慝. 方命虐民, 飲食若流. 流連荒亡, 爲諸侯憂.(『孟子』「梁惠王 下」)

[맹 자 11] 원문 23

王曰 王政可得聞與 對曰 昔者文王之治岐也 耕者九一 仕者世祿 關市 譏而不征 澤梁無禁 罪人不孥 老而無妻曰鰥 老而無夫曰寡 老而無子曰獨 幼而無父曰孤 此四者 天下之窮民而無告者 文王發政施仁 必先斯四者.(『孟子』「梁惠王 下」)

[맹 자 12] 원문 24

曰獨樂樂 與人樂樂孰樂 曰不若與人 曰與少樂樂 與衆樂樂孰樂 曰不若與衆.(『孟子』「梁惠王 下」)

[맹 자 1 3] 원문 25

孟子對曰 昔者大王居邠, 狄人侵之. 事之以皮幣, 不得免焉, 事之以犬馬, 不得免

焉, 事之以珠玉, 不得免焉. 乃屬其耆老而告之曰, 狄人之所欲者, 吾土地也. 吾聞

之也, 君子不以其所以養人者害人. 二三子何患乎無君. 我將去之. 去邠, 踰梁山, 邑

于岐山之下居焉. 邠人曰, 仁人也, 不可失也. 從之者如歸市. 或曰, 世守也, 非身之

所能爲也. 效死勿去. 君請擇於斯二者.(『孟子』「梁惠王 下」)

[맹 자 1 4] 원문 26

孟子曰, 天時不如地利, 地利不如人和. 三里之城, 七里之郭, 環而攻之而不勝. 夫

環而攻之, 必有得天時者矣, 然而不勝者, 是天時不如地利也. 城非不高也. 池非

不深也, 兵革非不堅利也, 米粟非不多也, 委而去之, 是地利不如人和也. 故曰, 域

民不以封疆之界, 固國不以山谿之險, 威天下不以兵革之利. 得道者多助, 失道者寡

助. 寡助之至, 親戚畔之, 多助之至, 天下順之. 以天下之所順, 攻親戚之所畔, 故

君子有不戰, 戰必勝矣.(『孟子』「公孫丑 下」)

[맹 자 1 5] 원문 27

由是觀之, 無惻隱之心, 非人也, 無羞惡之心, 非人也, 無辭讓之心, 非人也, 無是非

之心, 非仁也. 惻隱之心, 仁之端也, 羞惡之心, 義之端也, 辭讓之心, 禮之端也, 是

非之心, 智之端也. 人之有是四端也, 猶其有四體也. 有是四端而自謂不能者, 自賊

者也, 謂其君不能者, 賊其君者也.(『孟子』「公孫丑 上」)

[맹자 16] 원문 28

后稷敎民稼穡, 樹藝五穀, 五穀熟而民人育. 人之有道也, 飽食 煖衣 逸居而無敎, 則近於禽獸. 聖人有憂之, 使契爲司徒, 敎以人倫, 父子有親, 君臣有義, 夫婦有別, 長幼有序, 朋友有信.(『孟子』「滕文公 上」)

[맹자 17] 원문 29

孟子曰, 人有恒言, 皆曰, 天下國家. 天下之本在國, 國之本在家, 家之本在身.(『孟子』「離婁 上」)

[맹자 18] 원문 30

禹思天下有溺者, 由己溺之也, 稷思天下有餓者, 由己餓之也, 是以如是其急也.(『孟子』「離婁 上」)

[맹자 19] 원문 31

天視自我民視, 天聽自我民聽.(『孟子』「萬章 上」)

[맹자 20] 원문 32

湯三使往聘之, 旣而幡然改曰, 與我處畎畝之中, 由是以樂堯舜之道, 吾豈若使是君爲堯舜之君哉? 吾豈若使是民爲堯舜之民哉? 吾豈若於吾身親見之哉. 天之生此民也, 使先知覺後知, 使先覺覺後覺也. 予, 天民之先覺者也, 予將以斯道覺斯民也. 非予覺之, 而誰也.(『孟子』「離婁 上」)

[맹자 21] 원문 33

孟子曰 …… 可以處而處 可以仕而仕, 孔子也. 孟子曰 伯夷 聖之淸者也. 伊尹 聖之任者也. 柳下惠 聖之和者也. 孔子 聖之時者也. 孔子之謂集大成. 集大成也 者.(『孟子』「萬章 下」)

[맹자 22] 원문 34

萬章曰, 堯以天下與舜, 有諸. 孟子曰, 否, 天子不能以天下與人. 然則舜有天下也, 孰 與之. 曰天與之. 天與之者, 諄諄然命之乎. 曰否, 天不言, 以行與事示之而已矣. 曰以 行與事示之者, 如之何. 天子能薦人於天, 不能使天與之天下, 諸侯能薦人於天子, 不 能使天子與之諸侯, 大夫能薦人於諸侯, 不能使諸侯與之大夫. 昔者, 堯薦舜於天, 而天受之, 暴之於民, 而民受之, 故曰, 天不言, 以行與事示之而已矣. 曰敢問薦之於 天, 而天受之, 暴之於民, 而民受之, 如何. 曰使之主祭, 而百神享之, 是天受之, 使 之主事, 而事治, 百姓安之, 是民受之也. 天與之, 人與之, 故曰, 天子不能以天下與 人. 舜相堯二十有八載, 非人之所能爲也, 天也. 堯崩, 三年之喪畢, 舜避堯之子於南 河之南, 天下諸侯朝覲者, 不之堯之子而之舜, 訟獄者, 不之堯之子而之舜, 謳歌者, 不謳歌堯之子而謳歌舜, 故曰, 天也. 夫然後之中國, 踐天子位焉. 而居堯之宮, 逼堯 之子, 是篡也, 非天與也.(『孟子』「萬章 上」)

[맹자 23] 원문 35

孟子曰, 舜發於畎畝之中, 傅說擧於版築之間, 膠鬲擧於魚鹽之中, 管夷吾擧於士, 孫叔敖擧於海, 百里奚擧於市.(『孟子』「告子 下」)

［맹자 24］원문 36

孟子曰, 有天爵者 有人爵者 仁義忠信 樂善不倦 此天爵也 公卿大夫 此人爵也. 古之人 脩其天爵而人爵從之.(『孟子』「告子 上」)

［맹자 25］원문 37

孟子謂宋句踐曰 …… 人知之亦囂囂 人不知亦囂囂 曰何如斯可以囂囂矣 曰尊德樂義則可以囂囂矣. 故士窮不失義達不離道. 窮不夫義故 士得己焉 達不離道故民不失望焉. 古之人 得志澤加於民 不得志修身見於世 窮則獨善其身 達則兼善天下.(『孟子』「盡心 上」)

［맹자 26］원문 38

善政不如善敎之得民也. 善政, 民畏之, 善敎, 民愛之. 善政得民財, 善敎得民心.(『孟子』「盡心 上」)

［맹자 27］원문 39

孟子曰 有人曰, 我善爲陳, 我善爲戰. 大罪也.(『孟子』「盡心 下」)

［맹자 28］원문 40

梁惠王以土地之故, 麋爛其民而戰之, 大敗, 將復之, 恐不能勝, 故驅其所愛子弟以殉之, 是之謂以其所不愛及其所愛也.(『孟子』「盡心 下」)

[맹 자 2 9] 원문 41

孟子曰, 民爲貴, 社稷次之, 君爲輕. 是故得乎丘民而爲天子, 得乎天子爲諸侯, 得乎

諸侯爲大夫. 諸侯危社稷, 則變置. 犧牲旣成, 粢盛旣絜, 祭祀以時, 然而旱乾水溢,

則變置社稷.(『孟子』「盡心 下」)

[대 학 1] 원문 42

大學之道 在明明德 在親民 在止於至善.(『大學章句』「經1章」)

[대 학 2] 원문 43

物有本末 事有終始 知所先後 則近道矣.(『大學章句』「經1章」)

[대 학 3] 원문 44

知止而后有定 定而后能靜 靜而后能安 安而后能慮 慮而后能得.(『大學章句』「經

1章」)

[대 학 4] 원문 45

古之 欲明明德於天下者 先治其國. 欲治其國者 先齊其家. 欲齊其家者 先修其身.

欲修其身者 先正其心. 欲正其心者 先誠其意. 欲誠其意者 先致其知. 致知在格物.

物格而后知至. 知至而后意誠. 意誠而后心正. 心正而后身修. 身修而后家齊. 家齊

而后國治. 國治而后天下平.(『大學章句』「經1章」)

정치, 함께 살다

[대학 5] 원문 46

爲人君止於仁 爲人臣止於敬 爲人子止於孝 爲人父止於慈 與國人交止於信.(『大學章句』「傳3章」)

[대학 6] 원문 47

所惡於上 毋以使下 所惡於下 毋以事上. 所惡於前 毋以先後 所惡於後 毋以從前. 所惡於右 毋以交於左 所惡於左 毋以交於右. 此之謂 絜矩之道也.(『大學章句』「傳10章」)

[대학 7] 원문 48

詩云 樂只君子 民之父母. 民之所好 好之 民之所惡 惡之 此之謂民之父母.(『大學章句』「傳10章」)

[대학 8] 원문 49

康誥曰 惟命不于常 道 善則得之 不善則失之矣.(『大學章句』「傳10章」)

[대학 9] 원문 50

見賢而不能擧 擧而不能先 命也. 見不善而不能退 退而不能遠 過也.(『大學章句』「傳10章」)

[대학 10] 원문 51

是故 君子先愼乎德. 有德此有人 有人此有土 有土此有財 有財此有用. 德者本也

財者未也.(『大學章句』「傳10章」)

長國家 而務財用者 必自小人矣. 小而之使爲國家 災害竝至 雖有善者 亦無如之 此謂 國 不以利爲利 以義爲利也.(『大學章句』「傳10章」)

天命之謂性 率性之謂道 脩道之謂敎.(『中庸章句』1)

中也者 天下之大本也 和也者 天下之達道也.(『中庸章句』1)

喜怒哀樂之未發 謂之中 發而皆中節 謂之和.(『中庸章句』1)

致中和 天地位焉 萬物育焉.(『中庸章句』1)

雖有其位 苟無其德 不敢作禮樂焉 雖要其德 苟無其位 亦不敢作禮樂焉.(『中庸章句』28)

[중용 6] 원문 58

子曰 道之不行也 我知之矣. 知者過之 愚者不及也. 道之不明也 我知之矣. 賢者過

之 不肖者不及也.(『中庸章句』4)

[중용 7] 원문 59

舜 其大知也與. 舜 好問而好察邇言 隱惡而揚善 執其兩端 用其中於民 其斯以爲舜

乎.(『中庸章句』6)

[중용 8] 원문 60

君子 以人治人 改而止.(『中庸章句』13)

[중용 9] 원문 61

素富貴 行乎富貴 素貧賤 行乎貧賤 素夷狄 行乎夷狄 素患難 行乎患難.(『中庸章句』

14)

[중용 10] 원문 62

君子之道 費而隱.(『中庸章句』12)

[중용 11] 원문 63

忠恕 違道不遠 施諸己而不願 亦勿施於人.(『中庸章句』13)

[중용 12] 원문 64

齊明盛服 非禮不動 所以修身也 去讒遠色 賤貨而貴德 所以勸賢也 尊其位 重其祿 同其好惡 所以勸親親也 官盛任使 所以勸大臣也 忠信重祿 所以勸士也 時使薄斂 所以勸百姓也 日省月試 旣稟稱事 所以勸百工也 送往迎來 嘉善而矜不能 所以柔遠人也 繼絶世 舉廢國 治亂持危 朝聘以時 厚往而薄來 所以懷諸侯也.(『中庸章句』20)

[중용 13] 원문 65

哀公問政 子曰 文武之政 布在方策 其人存 則其政擧 其人亡 則其政息 人道敏政 地道敏樹 夫政也者 蒲盧也. 故 爲政在人 取人以身 修身以道 修道以仁 仁者人也 親親爲大 義者宜也 尊賢爲大 親親之殺 尊賢之等 禮所生也. 在下位不獲乎上 民不可得而治矣.(『中庸章句』20)

[중용 14] 원문 66

天下之達道五 所以行之者三 曰 君臣也 父子也 夫婦也 昆弟也 朋友之交也 五者 天下之達道也 知仁勇 三者 天下之達德也 所以行之者 一也.(『中庸章句』20)

[중용 15] 원문 67

子曰 好學 近乎知 力行 近乎仁 知恥 近乎勇 知斯三者 則知所以修身 知所以修身 則知所以治人 知所以治人 則知所以治天下國家矣.(『中庸章句』20)

정치, 함께 살다

[중용 16] 원문 68

自誠明 謂之性 自明誠 謂之敎. 誠則明矣 明則誠矣.(『中庸章句』21)

[중용 17] 원문 69

惟天下至誠 爲能盡其性. 能盡其性 則能盡人之性. 能盡人之性 則能盡物之性. 能

盡物之性 則可以贊天地之化育. 可以贊天地之化育 則可以與天地參矣.(『中庸章

句』22)

[중용 18] 원문 70

誠者 非自成己而已也 所以成物也. 成己 仁也 成物 知也 性之德也 合內外之道也

故 時措之宜也.(『中庸章句』25)

주

1장

1   흔히 공자의 정치 모델에 대해 종주론從周論이라고 규정해왔다. 하지만 공자가
    "주를 따르겠다"고 한 것은 주가 후발 국가로서 하와 은을 각각 승습한 측면을
    전제한 것이지 실체로서의 주를 따른다고 한 것이 아니다. 또 주도 건국 초기의
    주를 말하는 것이지 후대의 주를 말하는 것이 아니다. 결국 그의 언설은 하ㆍ은
    ㆍ주 제 국가들의 건국 정신을 높이 산 것이라고 봐야 한다.
2   추정하는 생몰 연대다. 맹자는 특히 출신과 생몰 연대가 정확하지 않다.
3   "authoritative allocation of scarce resources", D. Easton, *The Political
    System*, New York: Alfred A. Knopf, 1952, pp. 126, 133~137 참조.
4   조선시대에 오늘날의 의미처럼 정치를 사용하기 시작한 것은 최한기의 저술에
    서 처음 보인다. '강론정치講論政治' '정치지술政治之術' 등의 용어가 그것이다.
    최한기, 『기학氣學』 1권, 85절, 86절.
5   『서경書經』 「하서夏書」 '오자지가五子之歌'. 民可近 不可下 民惟邦本 本固邦寧.
6   『중용中庸』 전12. 君子之道 費而隱 夫婦之愚 可以與知焉 及其至也 雖聖人 亦
    有所不知焉.
7   『여유당전서』 제1집, 권10, 원原, 「원목原牧」, 4b. 牧爲民有乎 民爲牧生乎曰否否
    牧爲民有也.
8   통치자의 출현의 하이상식 정당성에 대해서는 「탕론」에서도 다시 언급되고 있
    다. 이에 대해서는 뒤에서 다시 논한다.
9   흔히 '법치'와 '인치'를 대비시키지만 '정치공동체'의 존재는 곧 '법치'의 존재를
    의미한다. 한때 베버나 헤겔, 특히 비트포겔에 의해 동양 정치공동체가 '자의적
    인치' 체제로 규정돼 서양 근대의 '법치'와 대비되었지만, 그리고 그것이 유교 문
    화권의 '근대인'들에게도 심히 내면화되었지만, 사실 법치와 인치는 제도와 그
    운용의 문제로서 분리될 수 없는 영역이다.
10 안외순 외, 『유교리더십과 한국정치』, 백산서당, 2002 참조.
11 R. 도손, 『공자』, 김용헌 옮김, 지성의샘, 1993, 78~79쪽.
12 안외순, 「다산 정약용의 관용 관념: 서恕 개념을 중심으로」, 『동방학』 19, 한서대
    학교 동양고전연구소, 2010, 239~241쪽.
13 양승태, 「톨레랑스, 차이성과 정체성, 민족정체성, 그리고 21세기 한국의 민족주
    의」, 『정치사상연구』 제13집 1호, 2007, 56쪽.

14 양승태, 위의 글, 57쪽. 예컨대 당시 이러한 관용론의 한 시각으로는 존 로크, 『관용에 관한 편지』, 공진성 옮김, 책세상, 2008 참조.

15 하승우, 『희망의 사회 윤리 똘레랑스』, 책세상, 2003, 170쪽.

16 공자에 의하면 정치에 참여하지 않는 것은 정의를 외면하는 것이기도 했다. "벼슬하지 않는 것은 의義가 없는 것이다. 장유長幼의 예禮도 없앨 수 없는데 군신君臣의 의를 어찌 폐할 수 있겠는가? 자기 자신을 깨끗이 한다는 명분으로 큰 인륜을 어지럽히는구나. 군자가 벼슬하는 것은 그 의를 행하고자 함일 뿐 치도가 행해지지 않으리라는 것은 이미 알고 있는 것이다."(『논어』「미자」)

17 정명의 정치의 관계에 대한 배경과 이념, 내용, 방법에 대한 좀더 구체적인 논의는 임헌규, 「공맹의 윤리이론: 정명과 중용을 중심으로」, 『온지논총』 21, 2009; 임헌규, 「공자의 정명론에 대한 일고찰」, 『철학연구』 118, 2011 참조.

18 『여유당전서』 제1집 권11, 론. 「탕론」, 24a. 湯放桀可乎 臣伐君而可乎.

19 『여유당전서』 제1집 권11, 론. 「탕론」, 24a. 曰古之道也 非湯刱爲之也 神農氏世衰 諸侯相虐 軒轅習用干戈 以征不享 諸俊咸歸 以與炎帝戰于阪泉之野 三戰而得志 以代神農(見本記: 원주) 則是臣伐君而黃帝爲之 將臣伐君而罪之 黃帝爲首惡 而湯奚間焉.

20 『여유당전서』 제1집 권11, 론. 「탕론」, 24a. 夫天子何爲而有也 將天雨天子 而立之乎 抑涌出地 爲天子乎 五家爲鄰 推長於五者 爲隣長 五鄰爲里 推長於五者 爲里長 五鄙爲縣 推長於五者 爲縣長 諸縣長之所共推者 爲諸侯 諸侯之所共推者 爲天子 天子者衆推之而成者也 夫衆推之而成 亦衆不推之而不成 故五家不協 五家議之 改鄰長 五鄰不協 二十五家議之 改里長 九侯八伯不協 九侯八伯議之 改天子 九侯八伯之改天子 猶五家之改鄰長 二十五家之改里長 誰肯曰臣伐君哉.

21 『여유당전서』 제2집, 권32, 『매씨서평梅氏書平』 권4, 「일주서극은편변逸周書克殷篇辨」 8b.

22 『여유당전서』 제1집 권11, 론. 「탕론」, 24b. 舞於庭者 六十四人選於中 令執羽葆立于首 以導舞者 其執羽葆者 能左右之中節 則衆尊而呼之曰 我舞師 其執羽葆者 不能左右之中節 則衆執而下之復于列 再選之得能者 而升之尊而呼之 曰我舞師 其升而下之者衆也 而升而尊之者亦衆也 夫升而尊之 而罪其升以代人 豈理也哉.

23 요즘은 大와 太가 구분되지만 당시에는 大로 쓰고 상황에 따라 '태'나 '대'로 구분했다.

24 『춘추좌전』「애공 7년」. 唯大不字小 小不事大.

25 김용구, 『세계관 충돌의 국제정치학』, 나남출판, 1997, 69~109쪽 참조.

26 이러한 맹자의 해방 전쟁론에 대해서는 오랫동안 찬반 논쟁이 있어왔다. 왕충王充이나 사마광司馬光 같은 이는 소위 맹자의 의전義戰 이론이 그의 성선론에 부합하지 않는다고 보아 비판적이었다면, 주희나 정약용은 폭정의 군주를 정벌하는 것이기에 모순이 아니라 정당하다는 평가를 내렸다. 윤대식, 2003, 8쪽 각주

2번 참조.

27 안외순, 「백암 박은식의 '유교구신론'과 세계화 시대 대안적 민주주의의 일 모색」, 『동양고전연구』 31, 2008 참조.

28 『순자』 「수신修身」. 君子役物 小人役於物 此之謂矣.

29 맥퍼슨, 『소유적 개인주의의 정치이론』, 이유동 옮김, 인간사랑, 1991 참조.

2장

1 『논어』 「옹야」. 雍也, "子曰 知之者 不如好之者 好之者 不如樂之者."

2 이것이 플라톤의 대화편, 『크리톤』의 주 논지다.

3 드 배리에 의하면, 이 대화에서 양혜왕의 역할은 공리주의를 주창한 묵자墨子(기원전 479~기원전 438)의 대역이다.(드 배리, 『다섯 단계의 대화로 본 동아시아 문명』, 실천문학사, 2001, 25쪽)

4 슈월츠, 『중국 고대사상의 세계』, 나성 옮김, 살림, 1996, 366~367쪽.

5 물론 그렇다고 개인적 선택에 의한 미혼 혹은 불혼이 비정상이라고 한 것은 아니다. 이는 선택에 의한 것이므로 예외라 하겠다. 여기서 말하는 것은 원하는데 여의치 않아서 못 하는 경우를 말한다.

6 『맹자』 「공손추 상」. 孟子曰 以力假仁者霸, 霸必有大國, 以德行仁者王, 王不待大. 湯以七十里, 文王以百里. 以力服人者, 非心服也, 力不贍也, 以德服人者, 中心悅而誠服也, 如七十子之服孔子也.

7 『대학장구』 「경1장」. 自天子 以至於庶人 壹是皆以修身爲本.

8 1905년 을사늑약이 체결되자 안창호安昌浩(1878~1938) 등이 장지연, 신채호, 이회영 등과 함께 국권 회복을 위해 결성한 항일비밀결사단체 명칭이 신민회新民會(1907~1911)였고, 일제강점이 한창이던 1925년 북만주 지역에서 결성된 대표적인 항일운동 단체명 역시 신민부新民府(1925~1929)였다. 이들은 '국권 회복을 위한 실력 양성을 위해서는 국민이 새로워져야 한다'는 슬로건을 내세웠다는 점에서 공통적이다. 중국 근대의 국부로 일컬어지는 쑨원孫文 역시 삼민주의三民主義를 주창할 때 『대학』의 탁월성과 중요성에 대해 강조했다.

9 여기서 '신민新民'과 '친민親民'에 얽힌 오래된 논쟁과 관련하여 최소한의 입장을 개진할 필요가 있다. 원래 「고본대학」 '경'에 '新'은 '親'으로 되어 있다. 그래서 주지하다시피 양명陽明 왕수인王守仁도 '친親'이라 해석해야 한다고 했다. 그러나 「고본대학」조차 '경'의 주석서인 '전傳'에서는 '親民'의 '親'을 '新'의 용례로 사용하고 있다. 따라서 주희는 『대학』 '전'의 해석들에 입각하여 '경'의 '친親'은 '신新'으로 써야 마땅하다고 해석했던 것이다. 나 역시 '전'에 입각할 때 주희의 해석이 옳다고 판단한다.

10 김철운, 「대학의 정치사상: 정치적, 사상적 전환을 중심으로」, 『철학연구』 20호, 1997, 150~151쪽.

11 『대학장구』「경1장」. 註釋: 至善則事理當然之極也, 言明明德新民, 皆當止於至
而遷, 蓋必其有以盡夫天理之極, 而無一豪人欲之私也.

12 唐君毅, 『中國哲學原論』, 『原道篇』, 臺北: 學生書局, 民國 75, 2권 69.

13 『대학장구』「경1장」 주. 此八者大學之條目也.

14 『대학장구』「전6장」. 所謂 誠其意者 毋自欺也. 如惡惡臭 如好好色 此之謂自謙.

15 『대학장구』「전7장」. 所謂 修身在正其心者 身 有所忿懥 則不得其正 有所恐懼
則不得其正 有所好樂 則不得其正 有所憂患 則不得其正.

16 『대학장구』「전7장」. 心不在焉 視而不見 聽而不聞 食而不知其味.

17 『대학장구』「전8장」. 所謂 齊其家在修其身者 人 之其所親愛而辟焉 之其所賤
惡而辟焉 之其所畏敬而辟焉 之其所哀矜而辟焉 之其所敖惰而辟焉 故 好而知
其惡 惡而知其美者 天下鮮矣.

18 『대학장구』「전8장」. 故 諺有之曰 人 莫知其子之惡 莫知其苗之碩.

19 주희 역시 여기까지를 수기修己의 영역이라고 했다.

20 『대학장구』「전3장」. 道盛德至善 民之不能忘也.

21 『대학장구』「전3장」. 詩云 於戲. 前王不忘. 君子賢其賢而親其親 小人樂其樂而
利其利 此以沒世不忘也.

22 『맹자집주』「진심 상」. "强恕而行 求仁莫近焉" 朱熹 註釋: "恕 推己以及人也."

23 『대학장구』「전9장」. 一家仁一國興仁 一家讓一國興讓 一人貪戾一國作亂 其幾
如此. 此謂 一言僨事一人定國.

24 그렇기 때문에 궁극적으로 『중용』에서 말하는 '중용'은 '정치적 중용'으로 해석
될 수 있으므로 이하에서 중용에 입각한 정치를 지칭함에 있어 '중용정치'로 호
칭할 것이다.

25 『중용장구』1. 道也者 不可須臾離也 可離 非道也.

26 여기서 '喜怒哀樂之未發 謂之中'의 해석과 관련하여 한 가지 언급할 것이 있다.
주희는 이 구절을 해석함에 있어 '미발未發'은 '성성'과 관련되고 '중'은 '편벽되
고 치우친 바가 없는 것'으로 보았다.(주희, 『중용장구』1. 註釋. 喜怒哀樂 情也,
其未發則性也 無所偏倚故 謂之中) 그러나 이렇게 '중'을 '편벽되고 치우친 바가
없는 것'으로 해석한다면 자칫 '산술적 중간 혹은 중도'로 해석될 여지가 없지 않
다. 따라서 나는 '중'의 해석을 문자 그대로 '희로애락의 내재적인 것'으로 하고
그것이 '상황에 아주 알맞게 실천된 것'을 '화'로 해석했다.

27 『중용장구』30. 仲尼曰 君子中庸 小人反中庸.

28 아리스토텔레스, 『니코마코스 윤리학』, 1106a-b. 강상진, 김재홍, 이창우 옮김,
도서출판 길, 2011 참조.

29 『중용장구』18. 父爲大夫 子爲士 葬以大夫 祭以士. 父爲士 子爲大夫 葬以士 祭
以大夫. 期之喪 達乎大夫 三年之喪 達乎天子 父母之喪 無貴賤一也.

30 『중용장구』12. 夫婦之愚 可以與知焉 及其至也 雖聖人 亦有所不知焉 夫婦之
不肖 可以能行焉 及其之也 雖聖人 亦有所不能焉.

31 『중용장구』13. 道不遠人 人之爲道而遠人 不可以爲道.

32 『중용·장구』13. 君子之道四 丘未能一焉. 所求乎子 以事父 未能也 所求乎臣 以
    事君 未能也 所求乎弟 以事兄 未能也 所求乎朋友 先施之 未能也.
33 『중용·장구』20. 誠者 天之道也 誠之者 人之道也. (…) 誠之者 擇善而固執之者
    也.
34 『중용·장구』25. 誠者 自成也 而道 自道也 誠者 物之終始 不誠 無物 是故 君子
    誠之爲貴.

「『논어』에 나타난 정치 관념」,『동양문화연구東洋文化硏究』24, 2016

「맹자의『서경書經』이해와 그 정치사상적 특징」,『동양문화연구』21, 2015

「맹자와 마키아벨리의 군주론 비교 이해」,『동방학』29, 2014

「중용의 정치사상」,『동양고전연구』52, 2014

「다산 정약용의 최고 정치지도자론 탐색」,『동양철학연구』70, 2012

「전쟁과 평화에 대한 맹자의 인식」,『동양고전연구』46, 2012

「맹자의 겸선兼善과 정치참여 이론」,『동양고전연구』45, 2012

「형치, 법치, 그리고 덕치: 조선의 좋은 정치[善政]」,『동양문화연구』8, 2011

「남명 조식의 정치참여 방식」,『온지논총』29, 2011

「공자의 행복관:『논어』를 중심으로」,『동양고전연구』41, 2010

「다산 정약용의 관용tolerance 관념: 서恕 개념을 중심으로」,『동방학』19, 2010

「'좋은 삶'과 맹자의 인정론仁政論」,『동양고전연구』37, 2009

「『대학大學』의 정치철학: 자기성찰과 혈구행정의 정치」,『한국철학논집』27, 2009

「『동호문답東湖問答』에 나타난 율곡 이이의 정치사상」,『유교사상연구』

28, 2007

"A Review of the Intellectual Thrust to Adopt Democracy in the Late 19th Century," *Korea Journal*, 43집 4호, 2003

「맹자의 왕도정치론: 조화와 공존의 정치사상」, 『동방학』 8, 2002

「다산 정약용의 정치권력론」, 『동방학』 7, 2001

정치, 함께 살다

ⓒ 안외순

초판 인쇄	2016년 12월 19일
초판 발행	2016년 12월 26일

지은이	안외순
펴낸이	강성민
편집장	이은혜
편집	박세중 박은아 곽우정 한정현 김지수
편집보조	조은애 이수민
마케팅	정민호 이연실 정현민 김도윤 양서연
홍보	김희숙 김상만 이천희

펴낸곳	(주)글항아리	출판등록 2009년 1월 19일 제406-2009-000002호
주소	10881 경기도 파주시 회동길 210
전자우편	bookpot@hanmail.net
전화번호	031-955-1936(편집부) 031-955-8891(마케팅)
팩스	031-955-2557

ISBN	978-89-6735-404-6 03100

글항아리는 (주)문학동네의 계열사입니다.

이 도서의 국립중앙도서관 출판시도서목록(CIP)은 서지정보유통지원시스템 홈페이지
(http://seoji.nl.go.kr)와 국가자료공동목록시스템(http://www.nl.go.kr/kolisnet)에
서 이용하실 수 있습니다. (CIP제어번호 : CIP2016030781)